Constanze Derham **Neues Leben für alte Kleider**  *Kleine, feine Nähprojekte*

Neues Leben für alte Kleider

Kleine, feine Nähprojekte

Constanze Derham

Mach mit!

BuchVerlag für die Frau

ISBN 978-3-89798-482-0

© BuchVerlag für die Frau GmbH, Leipzig 2015
Covergestaltung und Layout: Susanne Weigelt, Leipzig
Fotos: Kathleen Busies, Leipzig (Cover, S. 17, 19, 20, 22, 23, 25, 27, 28, 30, 32, 35, 36, 38, 41, 44, 47, 50–52, 54, 56, 58, 59, 61, 66, 68–70, 72–77, 79);
Constanze Derham, Berlin (alle übrigen Fotos);
fotolia (S. 2, 13, 33, 49, 63)
Druck und Bindung: DZA Druckerei zu Altenburg GmbH
Printed in Germany

www.buchverlag-fuer-die-frau.de

Inhalt

Wie man alten Stoffen neues Leben einhaucht ...   7

Alte Kleider wiederverwerten – lohnt sich das überhaupt?   7
Was Sie bei der Auswahl des Materials beachten sollten   8
Was Sie zusätzlich brauchen   9

Techniken: Auftrennen, Zerschneiden, Färben   10

Trennen von Steppnähten   10
Overlocknähte trennen   11
Mit Farbe wie neu   11

Jeans und andere Hosen   13

Jeans reparieren   14
Jeans stopfen   14
Flicken aufsetzen   15
Jeans mit Originalsaum kürzen   16
Ein Teppich oder eine Decke aus Jeans   17
Einkaufstasche mit Borte   20
Gefütterte Laptop- oder Tablethülle aus Jeans mit Klettverschluss oder Gummiband   23
Ein neuer Rock aus einer alten Jeans   27
Kleine Umhängetasche mit Reißverschluss   30

Oberhemden   33

Hemden reparieren: Kragen durch Stehkragen ersetzen und Knopfleiste reparieren   34
Ein Kissenbezug aus einem Oberhemd   35

Malkittel für Kinder	36
Ein Sommerrock oder eine Schürze aus einem Oberhemd	38
Verwandeln Sie ein Hemd in eine Schößchenbluse mit Schluppe	41
Ein Kinderkleid aus einem Oberhemd nähen	44

T-Shirts aus Jersey 49

Negativapplikationen	50
Motiv-T-Shirts konservieren: als Kissen, Decke, Applikation	52
Ein Loopschal aus T-Shirts	54
Ein einfacher Rock mit Taschen	56
T-Shirt-Garn	59
Eine Pumphose für Kleinkinder	61

Pullover aus Wolle 63

Löcher ausbessern: Stopfen und Zufilzen	64
Ellbogenflicken aufsetzen	66
Wollpullover filzen und weiterverarbeiten	69
Wärmflaschenhülle nähen	70
Pullover für Handy, Mini-Tablet oder E-Book-Reader	72
Einfache Stulpen fast ohne Nähen	73
Eine Jacke für Kinder	75
Ärmelschal aus einem Herrenpullover	77

Links zu weiteren Refashion-Ideen 80

Wie man alten Stoffen neues Leben einhaucht ...

🔘 Alte Kleider wiederverwerten – lohnt sich das überhaupt?

Wohl jeder hat sie im Schrank: Kleider, die nicht mehr richtig passen, die nicht mehr gefallen oder an denen nur eine Kleinigkeit kaputt ist. Geben Sie solchen „Schrankleichen" eine zweite Chance! Viele Kleider können mit nur geringem Aufwand repariert oder zu einem neuen Leben in veränderter Gestalt erweckt werden. Es macht großen Spaß, lieb gewordene Kleider und die Erinnerungen, die an ihnen hängen, zu erhalten, und bei Fehlkäufen finden Sie vielleicht eine Lösung, wie Sie das gute Stück doch noch in Ihre Garderobe integrieren können. Gebrauchte Textilien sind außerdem ein ideales Material für NähanfängerInnen mit Lust an Experimenten, denn falls doch einmal etwas misslingt, ist der Verlust nicht groß. Da durch das jahrelange Waschen die Schadstoffe aus den Textilien ausgewaschen wurden, eignen sie sich auch besonders gut für Kinderkleidung. Und nicht zuletzt schont das Wiederverwerten die Umwelt und ist inzwischen als „Refashion" ein Modetrend.

Im ersten Teil dieses Buches werden einige grundlegende Techniken des Weiter- und Wiederverwertens von Bekleidung vorgestellt: Bei welchen Materialien lohnt sich das Weiterverwenden? Wie trennt man zeitökonomisch auf? Welche Textilien lassen sich färben? Welche Nähwerkzeuge benötigen Sie? Im zweiten Teil des Buches geht es um Ausgangsmaterialien, die in jedem Haushalt vorhanden sind – mit konkreten Anleitungen für das Reparieren oder das Umwandeln von Jeans, Oberhemden, T-Shirts aus Jersey und Wollpullovern. Die angegebenen Maße sind oft nur Annäherungen, da jeder „Wiederverwertungsfall" anders gelagert ist: Vergleichen Sie die Maße vorsichtshalber mit passenden Kleidungsstücken, ehe Sie schneiden. Wenn die Anleitungen Ihnen Ideen vermitteln, wie Sie selbst mit alten Kleidern kreativ werden können und Sie so zu eigenen Lösungen kommen: umso besser!

Was Sie bei der Auswahl des Materials beachten sollten

AC, CA = Acetat
BW, CO = Baumwolle
CV, VY = Viskose
EL = Elasthan
LI = Leinen
PA = Polyamid
(Nylon, Perlon)
PAN, PC = Polyacryl
PES, PL = Polyester
SE, S = Seide
WO, WV = Wolle

Je hochwertiger das Ausgangsmaterial, umso eher lohnt sich das Weiterverarbeiten. Kleider aus Naturfasern, an denen nur eine Kleinigkeit kaputt ist, lassen sich oft durch eine kleine Reparatur retten. Bei Jeans und Hemden bleibt meistens noch eine Menge Stoff übrig, wenn Sie die schadhaften Stellen wegschneiden, und abgenutzte Lieblingssachen können noch als Applikation weiterleben, ebenso wie Stoffe aus Kunstfaser, die unangenehm auf der Haut zu tragen sind.

Das Material bestimmt auch, welche Umarbeitungstechniken möglich sind. Naturfasern wie Baumwolle und Leinen können gefärbt werden, während sich Kunstfasern (Polyester, Acryl) mit Farbe kaum verändern lassen. Pullover aus Wolle lassen sich filzen, Acryl verändert sich nicht. Ein Blick aufs Etikett verrät Ihnen, woraus das Kleidungsstück besteht.

Halten Sie das Gewebe gegen das Licht: gibt es dünne Stellen, Risse oder Löcher? Stark abgenutzte fadenscheinige Textilien mit dünnen Stellen sollten Sie nicht verwenden, Sie hätten nicht lange Freude an Ihrer Näharbeit. Schauen Sie sich das Kleidungsstück außerdem im Hinblick auf wiederverwertbare Elemente an: Besitzt es hochwertige Knöpfe, einen auffälligen Reißverschluss, Borten, Applikationen, Aufnäher oder Schmucksteine? Retten Sie solche Elemente vor dem Müll und verwenden Sie sie in Ihren neuen Kreationen!

⊙ Was Sie zusätzlich brauchen

In Ihrer Wiederverwertungswerkstatt brauchen Sie nur eine grundlegende Nähausstattung: eine Nähmaschine für größere Projekte, eine größere Stoffschere, eine kleine, spitze Stickschere, ein Maßband, ein Lineal oder einen Winkel, Stifte zum Anzeichnen, z. B. einen Kreidestift, ein kleines Stück Seife oder einen selbstlöschenden Markierstift, Stecknadeln, Nähnadeln und Nadeln für die Maschine, außerdem einen Nahttrenner und ein Bügeleisen.
Einige neue Materialien sind unverzichtbar: aufbügelbare Einlagen zum Verstärken, Vliesofix zum Applizieren, Nähgarn und Gummiband. Kombinieren Sie die alten Stoffe mit neuen, bunten Zutaten, dekorativen Borten und Schrägbändern, schönen Stoffresten oder einem schicken Reißverschluss. Die Mischung aus Alt und Neu sorgt dafür, dass Ihre Kreationen nicht hausbacken wirken.

Tipp: In der Patchworkabteilung gibt es oft so genannte „Fat Quarter", Stoffstücke im Format 50 × 55 cm – gerade genug für kleine Verzierungen und Akzente.

Techniken: Auftrennen, Zerschneiden, Färben

Vor dem Nähen kommt immer das Zuschneiden: Ein beherzter Schnitt – und unansehnliche Kragen und abgewetzte Teile verschwinden. Überlegen Sie aber, bevor Sie die Schere ansetzen, ob Sie Elemente des alten Kleidungsstücks erhalten wollen: Vielleicht finden aufgesetzte Taschen oder Knopfleisten auch in Ihrer Neuschöpfung einen Platz? Für Stickereien, Ziersteppungen auf Jeanstaschen, aber auch für Knopflöcher gibt es in der Bekleidungsindustrie Spezialmaschinen, so dass solche Details oft viel professioneller gestaltet werden können, als es mit einer Haushaltsnähmaschine möglich ist. Beim Nähen mit Jerseymaterial und Pullovern lohnt es sich zum Beispiel, so zuzuschneiden, dass Bündchen und Säume weiterverwendet werden können.

Wenn Sie Nähte auftrennen und Taschen abtrennen müssen, suchen Sie sich einen Platz mit gutem Licht, ein Hörbuch oder einen netten Gesprächspartner, und verwenden Sie einen scharfen Nahttrenner. Trennen Sie nach Möglichkeit von der linken Stoffseite, damit die „gute Seite" nicht beschädigt wird.

Tipp: Nahttrenner werden schnell stumpf – da sie nicht viel kosten, sollten sie ab und zu ersetzt werden.

Trennen von Steppnähten

Fassen Sie mit der Spitze des Nahttrenners auf einer Seite alle 2–3 cm unter die Naht und durchtrennen Sie das Garn, dann kann der intakte Faden auf der anderen Seite einfach herausgezogen werden. [1]

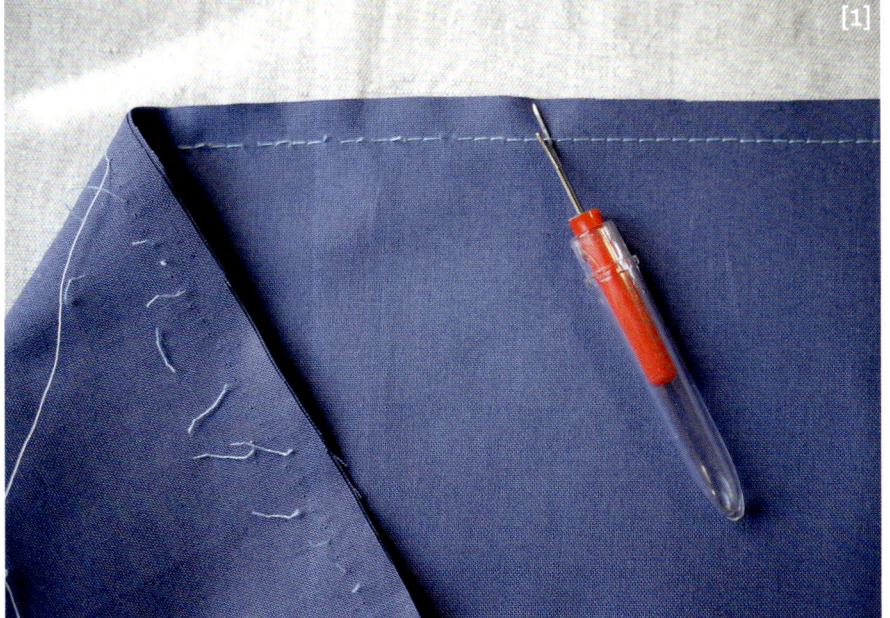

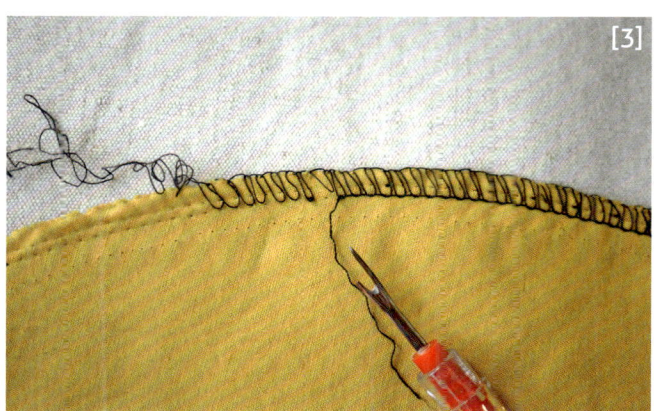

🔘 Overlocknähte trennen

Mit Overlock- oder Kettelnähten werden vor allem elastische Materialien verbunden. Sie bestehen aus vier Fäden und lassen sich ganz leicht auflösen, wenn man die richtige Reihenfolge kennt.

1. Auf der Oberseite verläuft in der Mitte der Sicherungsfaden, der wie eine normale Steppnaht aussieht. Heben Sie diesen Faden mit dem Nahttrenner an und ziehen Sie ihn heraus – manchmal gelingt das im Ganzen, manchmal ist es besser, den Faden etwa alle 10 cm zu trennen und stückweise herauszuziehen. [2]

2. Der zweite Faden, den Sie trennen müssen, verläuft an der unteren Kante der Naht und quer über den Schlingen der Greiferfäden. Auch hier können Sie den Faden im Ganzen oder stückweise herausziehen. [3]

3. Die restlichen beiden Kettelfäden haben nun keinen Halt mehr und können einfach abgehoben werden.

🔘 Mit Farbe wie neu

Der Schnitt des Kleidungsstücks gefällt und passt Ihnen, aber die Farbe nicht, weswegen es immer nur im Schrank hängt? Dann könnte eine Färbung in der Waschmaschine Abhilfe schaffen. Ein bisschen Risiko ist dabei, denn je nach Materialzusammensetzung, Färbemittel, Ausgangsfarbe und Stoffmenge fällt das Ergebnis immer etwas anders aus und lässt sich nicht exakt vorhersagen.

Textilfarben gibt es vor verschiedenen Herstellern als Pulver oder Flüssigkeit, für verschiedene Materialien, zum Färben in der Waschmaschine oder im Eimer. Die Anwendung unterscheidet sich daher je nach Hersteller. Ein paar grundlegende Regeln:

Die meisten Textilfarben sind auf Naturfasern abgestimmt, also auf reine Baumwolle und reines Leinen. Sie nehmen die Farbe am besten an. Bei Mischungen mit Kunstfasern wie Polyester wird der Farbton entsprechend schwächer – bei einer Mischung aus 50% Polyester und 50% Baumwolle werden Sie nur Pastelltöne erzielen können, weil die Polyesterfasern den Farbstoff nicht aufnehmen. Viskose lässt sich mit diesen Farben annähernd so gut färben wie Baumwolle. Wolle und Seide kann man mit einigen Waschmaschinenfarben ebenfalls einfärben, wenn die Waschtemperatur niedrig gewählt wird. Oft wird dabei zusätzlich Essig zugegeben, Näheres erfahren Sie in der Gebrauchsanleitung der Farbe. Für Polyester und Acetat gibt es Spezialfärbemittel, die zum Beispiel zum Färben von Unterwäsche geeignet sind.

Je mehr Material auf einmal gefärbt wird, desto schwächer fällt der Farbton aus. Mehr als 2 Kilo Stoff sollten nicht auf einmal gefärbt werden, da sich die Farblösung dann oft nicht mehr richtig verteilt und das Ergebnis fleckig werden könnte.

Bedenken Sie außerdem, dass die Nähte bei Kleidung aus Naturfaser häufig nicht mitgefärbt werden, da die meisten Kleidungsstücke mit Polyestergarn genäht werden, das die Farbe nicht annimmt. Sichtbar abgesteppte Nähte in der Ausgangsfarbe können aber von Fall zu Fall ein hübsches Designelement sein – lassen Sie sich überraschen! Das Färbeergebnis hängt außerdem von der Ausgangsfarbe des Stoffes und der Stoffstruktur ab. Werden Stoffe überfärbt, entstehen Mischtöne: ein gelber Stoff wird durch blaue Farbe grün, ein roter Stoff violett, ein gelber Stoff mit Rot überfärbt wird Orange, ein grüner Stoff mit Rot überfärbt wird braun und so weiter. Beim Überfärben von gemusterten Stoffen können dadurch interessante Effekte entstehen. Je nach Stoffstruktur erscheinen die Farbtöne satter oder blasser. Stark strukturierte Stoffe wie Frottee oder Cord wirken dunkler und farbintensiver, glattes Leinen oder glatte Baumwollpopeline wirken heller.

Zum Färben weniger gut geeignet sind stark abgenutzte Kleidungsstücke, denn abgeschabte Stellen im Stoff nehmen die Farbe anders an als das intakte Gewebe und fallen dadurch noch stärker auf als zuvor. Flecke und Verfärbungen verschwinden in den meisten Fällen ebenfalls nicht vollständig, nicht einmal beim Überfärben mit Schwarz.

Jeans und andere Hosen

Jeans sind wohl aus keinem Kleiderschrank wegzudenken. Sie liefern einen schönen, haltbaren Stoff, der durch das Tragen und Waschen charaktervoll gealtert ist. Sie brauchen daher keinen aufwändigen Schnitt, damit Ihre Kreationen interessant aussehen. Auch das Versäubern und Säumen können Sie sich oft sparen: Ausfransende Kanten sind dekorativ und passen gut zum Material. Verwenden Sie eine Jeansnadel in der Maschine und nähen Sie ganz langsam, wenn mehrere dicke Nähte zusammentreffen.

⊕ Jeans reparieren

Jeans und andere sportliche Hosen lassen sich schön und haltbar reparieren: Nähen Sie ganz unauffällig von innen einen Flicken gegen Löcher und Risse, oder machen Sie den Flicken selbst zum Designelement.

⊕ Jeans stopfen

✂ **Material:**
- ⊕ Stoff zum Unterlegen (Jeans, fester Baumwollstoff, Aufbügelflicken oder aufbügelbare Gewebeeinlage)
- ⊕ eventuell 1 Klebestift aus dem Bürobedarf zum Fixieren des Flickens
- ⊕ Nähgarn in der Farbe der Hose
- ⊕ Jeansnadel für die Nähmaschine

[1]

☞ **1.** Für den Flicken kommen verschiedene Materialien in Frage: dünner Jeansstoff, wenn es sich um eine stark strapazierte Stelle handelt und der Stoff von außen zu sehen ist; Löcher in der Schrittgegend unterlegen Sie besser mit einem dünneren Stoff, da die Stelle durch die Stopfnähte sehr steif werden kann und dann unangenehm zu tragen ist. Kleine Löcher können Sie auch mit einem Stück aufbügelbarer Einlage verstärken – oder Sie machen es sich einfach und kaufen im Kurzwarenbedarf speziellen Flickenstoff zum Aufbügeln.

2. Drehen Sie die Hose auf links und schneiden Sie den Flicken auf allen Seiten mindestens 2–3 cm größer aus als das Loch oder die schadhafte Stelle, die Sie reparieren wollen. Seien Sie dabei großzügig: was zu viel ist, kann später immer noch weggeschnitten werden.

3. Sofern Sie aufbügelbares Material verwenden, bügeln Sie den Flicken auf die linke Seite des Stoffes, so dass das Loch und seine Umgebung gut abgedeckt sind. Flicken aus Stoff kleben Sie mit einem auswaschbaren Klebestift ebenso auf – der Kleber verschwindet bei der ersten Wäsche. [1]

4. Drehen Sie die Hose nun wieder auf rechts, setzen Sie – falls vorhanden – den Stopffuß in Ihre Nähmaschine (wenn die Maschine keinen Stopffuß hat, verwenden Sie den normalen Nähfuß) und positionieren Sie die schadhafte Stelle der Jeans unter dem Füßchen. Mit einer Freiarmnähmaschine geht das am Einfachsten: Sie ziehen das Hosenbein über den Freiarm. Bei Kinderhosen in kleinen Größen kommen Sie vermutlich nicht darum herum, eine Seitennaht der Hose aufzutrennen, um die Flickenstelle mit der Nähmaschine zu erreichen. Gestopft wird mit ver-

senktem Transporteur, d. h. nicht die Maschine bewegt den Stoff, sondern Sie bewegen ihn beim langsamen Nähen hin und her.

5. Nähen Sie mit farblich möglichst gut passendem Garn, das lieber etwas heller als der Stoff ist.

6. Nähen Sie parallele Linien, etwa 2 mm voneinander entfernt. Die Stopfnähte sollten in intaktem Gewebe anfangen und enden. Stufen sie die Längen der Nähte ab. Steppen Sie in der Richtung der Rippen des Jeansstoffes und nähen Sie beim Wenden jeweils einen Stich quer. [2]

7. Drehen Sie die Hose nochmals auf links und schneiden Sie überstehenden Stoff auf der Rückseite zurück. [3]

⊕ Flicken aufsetzen

Wenn's schnell gehen muss und die geflickte Stelle sichtbar bleiben darf, zum Beispiel bei Kinderhosen, setzen Sie einen Flicken auf, den Sie aus Jeansresten zuschneiden und mit dem dreigeteilten Zickzackstich aufsteppen [4] – oder Sie machen den Flicken selbst zu einem Designelement, indem Sie einen bunten Stoff verwenden oder ihn mit kontrastierendem Garn oder mit einem Zierstich aufnähen.

🔘 Jeans mit Originalsaum kürzen

Gebrauchsspuren am Saum gehören bei vielen Jeans zum Charakter der Hose. Den Saum einfach abzuschneiden und die Jeans neu umzunähen, kommt daher nicht in Frage. Mit einem kleinen Trick kann der originale Saum beim Kürzen erhalten werden.

✂ **Material:**
- Jeansgarn in der Farbe der originalen Steppnähte der Hose (oder verwenden Sie normales Nähgarn und nehmen Sie es doppelt)
- Jeansnadel für die Nähmaschine

👉

1. Legen Sie die neue Länge der Hose fest, ziehen Sie dort quer über jedes Hosenbein mit einem Lineal eine Linie und schneiden Sie die Hose entlang der Linie ab.

2. Schneiden Sie den Hosensaum mit einer Nahtzugabe von 1 cm ab und trennen Sie ihn auf. [1]

3. Nähen Sie dieses Stück mit 1 cm Nahtzugabe und Standardnähgarn an die Hosenbeine. Die rechte Seite des Saumstücks trifft auf die linke Seite des Hosenbeins, die Nahtzugaben zeigen nach außen. Achten Sie darauf, dass Seitennaht und Innenbeinnaht wieder richtig aufeinandertreffen. [2]

4. Schneiden Sie die Nahtzugaben wenn nötig etwas zurück und schlagen Sie den aufgetrennten Saum nach oben, so dass er die Nahtzugaben einschließt und die erste Naht verdeckt. [3]

5. Steppen Sie den Saum entlang der ursprünglichen Nahtlinie mit Jeansgarn oder doppelt verwendetem Standardgarn fest. [4]

⦿ Ein Teppich oder eine Decke aus Jeans

Aus vielen alten Jeans entsteht ein lässiger (und waschbarer!) Teppich oder eine Decke für Bad, Balkon oder Kinderzimmer. Er besteht aus einzelnen Kreisen, die zu beliebig großen Decken oder Matten zusammengefügt werden können, wobei sich gleichzeitig von selbst eine schöne Rückseite ergibt. Die Schnittkanten der Kreise fransen mit der Zeit dekorativ aus. Nähen Sie eine Tagesdecke fürs Bett in Kombination mit lauter gemusterten Lieblingsstoffen, füllen Sie die Jeanskreise mit Frottee für einen kleinen Teppich oder nähen Sie mit Dekostoffresten eine Picknickdecke.

✂ Material:
- viele alte Jeans
- einen oder mehrere bunte Stoffe (Reste) für die Mitte der Quadrate, besonders gut eignen sich Frottee oder feste Dekostoffe
- Allzwecknähgarn in Jeansfarbe oder in einer Kontrastfarbe
- Jeansnadel für die Nähmaschine
- dünne Pappe für die Schablonen, Lineal, Zirkel und Filz- oder Bleistift

Der Teppich besteht aus vielen einzelnen Segmenten und kann daher so groß werden, wie Sie möchten.

1. Zeichnen Sie ein Quadrat mit einer Seitenlänge von 12,5 cm und mit dem Zirkel einen Kreis mit einem Radius von 18 cm auf die Pappe und schneiden Sie sie aus. Dies sind

18 Jeans und andere Hosen

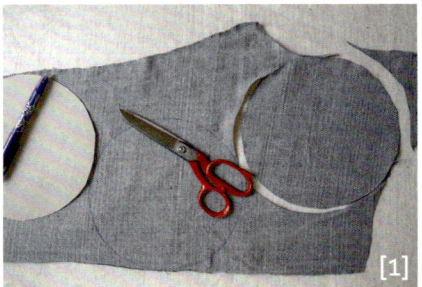

Ihre Schablonen für die Stoffe – das Quadrat passt genau in den Kreis.

2. Schneiden Sie die Jeans entlang der Seitennähte und der Beinnähte auseinander, so dass Sie 4 Stücke erhalten, 2 Vorderteile und 2 Rückenteile.

3. Legen Sie die Kreisschablone auf die Jeansteile, umfahren Sie die Schablone mit einem Stift und schneiden Sie so viele Kreise wie möglich aus den Hosen. Aus einer mittelgroßen Jeans können Sie 16 bis 20 Kreise schneiden. [1]

4. Markieren Sie den Umriss des Quadrats auf der linken Stoffseite der Kreise.

5. Schneiden Sie mit Hilfe der quadratischen Schablone Ihre Stoffe für die Füllung der Kreise zu.

6. Nähen Sie zuerst am besten Segmente aus vier Kreisen, die Sie nach und nach zu immer größeren Einheiten verbinden. Legen Sie zwei Jeanskreise rechts auf rechts, so dass die eingezeichneten Linien des Quadrats auf der linken Stoffseite genau übereinanderliegen. [2]

7. Nähen Sie entlang einer der Linien die zwei Kreise zusammen und verriegeln Sie die Naht am Anfang und am Ende.

8. Platzieren Sie in der Mitte jedes Kreises ein Stoffquadrat und richten Sie es an dem vorgezeichneten Quadrat aus.

9. Klappen Sie den Kreisabschnitt entlang der zuerst genähten Naht darüber und stecken ihn fest. [3]

10. Nähen Sie mit einem Zickzackstich entlang der Kreisrundung durch alle Lagen, dabei wird gleichzeitig der Stoff für die Füllung festgehalten. Dabei können Sie ganz unterschiedliche Effekte erzielen, je nachdem, ob Sie ein möglichst unauffälliges Garn in der Farbe der Hosen wählen, ein Garn passend zu der Farbe der Stoffquadrate für die Füllung oder eine Farbe, die zu beiden Stoffen im Kontrast steht. [4]

11. Um zwei dieser Einheiten aus je zwei Kreisen zu verbinden, gehen Sie ebenso vor: Beide Teile rechts auf rechts legen, die eingezeichneten Linien aufeinander ausrichten und entlang der Linie steppen. [5] Die Kreissegmente entlang der Naht umklappen, feststecken und mit Zickzack aufsteppen. [6]

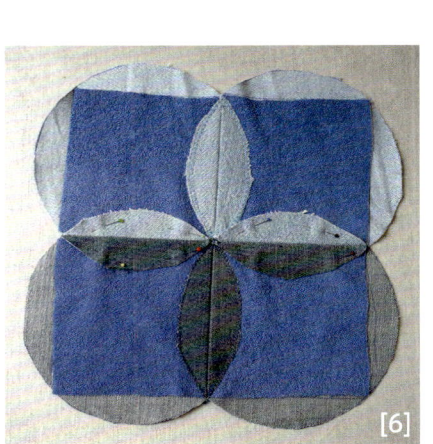

[6]

🔘 Einkaufstasche mit Borte

Eine stabile große Tasche kann jeder gebrauchen. Sie ist schnell genäht und kann mit Borten individuell verziert werden. Je nach Schnitt der Hose bekommt Ihre Tasche eine etwas andere Form: Aus einer Karottenform entsteht eine bauchige Tasche, bei einer Schlaghose ähnelt die Tasche einem Eimer.

Material:
- 1 Jeans oder 1 vergleichbare Hose aus festem Baumwollstoff, am besten mit geraden Hosenbeinen
- 2,50 m Gurtband
- 2,50 m Borte
- Nähgarn
- Jeansnadel für die Nähmaschine

1. Schneiden Sie die Hosenbeine in 50 cm Höhe, vom Saum aus gemessen, ab.

2. Trennen Sie die äußeren Seitennähte der Hosenbeine auf und auf jeder Seite etwa 4–5 cm des Hosensaums.

3. Teilen Sie das Gurtband und die Borte in zwei Teile und steppen Sie die Borte jeweils mittig auf das Gurtband. [1]

Tipp: Steppen Sie dazu entweder dicht an den Kanten der Borte entlang oder verwenden Sie einen kleinen Zickzackstich, dann ist es ganz leicht, die Kanten der Borte zu erfassen.

4. Stecken Sie die beiden Gurtbandstücke in zwei Schlaufen auf den Hosenteilen fest: parallel zu den äußeren Kanten, etwa 12 cm von den Kanten entfernt; die Trageschlaufe wird an der Seite mit dem Hosensaum gebildet. [2]

5. Steppen Sie die Gurtbänder knappkantig fest, beginnen Sie dabei an der unteren Schnittkante, nähen Sie am Hosensaum auf der Breite des Gurtbands quer und nähen Sie an der zweiten Kante entlang wieder nach unten bis zur Schnittkante. [3]

6. Legen Sie die beiden Hosenteile rechts auf rechts aufeinander und nähen Sie die neuen Seitennähte – besonders einfach geht das, wenn Sie die alte Nahtlinie nutzen.

7. Falten Sie die Nahtzugaben zu einer Seite und steppen Sie sie von rechts knapp neben der Naht ab. Falten Sie auch den ehemaligen Hosensaum an den Nahtstellen wieder ein und steppen Sie ihn fest. [4]

8. Drehen Sie die Tasche auf links und steppen Sie den Boden der Tasche zu. Achten Sie dabei darauf, dass die Gurtbänder genau übereinanderliegen.

9. Bügeln Sie die Nahtzugabe der Bodennaht zu einer Seite und steppen Sie sie von rechts knapp neben der Naht fest.

10. Falten Sie die Ecken der Tasche so, dass die Bodennaht und die Seitennaht genau übereinanderliegen, und nähen Sie die Ecken in 7 bis 10 cm Abstand zur Spitze quer ab. Steppen Sie auch diese Naht von rechts knapp neben der Naht ab und schneiden Sie den überflüssigen Stoff im Inneren der Tasche weg. [5]

⊕ Gefütterte Laptop- oder Tablethülle aus Jeans mit Klettverschluss oder Gummibandverschluss

✂ Material:
- 1 Jeans
- Stoff für das Futter: dünner Filz, Wollwalk oder Fleece oder 1 zerschnittener und eventuell in der Waschmaschine gefilzter Pullover (s. Pullover-Kapitel)
- Jeansnadel für die Nähmaschine
- Nähgarn
- 25 cm Klettband oder 4–5 cm breites Gummiband, ca. 30–40 cm

1. Zeichnen Sie zuerst einen Schnitt für die Tasche, indem Sie den Laptop bzw. das Tablet ausmessen und ein Rechteck in der Größe des Geräts mit jeweils 0,5 cm Zugabe in der Länge und der Breite auf Papier zeichnen. Besonders einfach ist es, wenn Sie das Gerät auf einen großen Bogen Papier legen (z. B. ein Kalenderblatt oder einen Bogen Packpapier), es mit einem Stift umfahren und die Umrisse mit Lineal und Geodreieck nachziehen. In unserem Beispiel ist der Laptop 34,5 × 24 cm groß und 2,5 cm hoch, das Rechteck misst demnach 35 × 24,5 cm. An die beiden langen Seiten des Rechtecks zeichnen Sie für die Tiefe der Tasche zwei schmale Rechtecke, 0,5 cm breiter als die Höhe des Geräts (hier: 35 × 3 cm) und auf einer Seite ein weiteres großes Rechteck für die Rückseite. Den Boden bildet ein Rechteck an einer kurzen Seite des großen Rechtecks, im Beispiel ist es 24,5 × 3 cm groß. Schneiden Sie Ihren Schnitt an den äußeren Linien aus.

2. Schneiden Sie das Futter aus Fleece oder dünnem Filz mit einer Nahtzugabe von 1 cm an allen Kanten zu. [1]

3. Schließen Sie die Naht an der Längsseite rechts auf rechts und anschließend die Bodennähte. Beim Annähen des Bodens schneiden Sie die Nahtzugabe zwischen Seitenteilen und Rückseite bis kurz vor die Nahtlinie ein, dann können Sie zuerst die beiden kurzen Seiten und zum Schluss die längere Seite nähen.

4. Probieren Sie, ob das Gerät, für das die Tasche vorgesehen ist, gut hineinpasst. Das Futter sollte locker sitzen. Korrigieren Sie wenn nötig Ihren Schnitt.

5. Schneiden oder trennen Sie die Jeans entlang der Innenbeinnähte und der vorderen und rückwärtigen Mittelnaht auf und legen Sie die Teile flach hin. Je nach Größe des Schnitts lässt sich der Außenstoff der Hülle nicht in einem Stück zuschneiden. Teilen Sie dann Ihren Papierschnitt entlang des zweiten großen Rechtecks, so dass Sie ein Schnittteil für Vorderseite und Seitenteile und eines für Rückseite und Boden erhalten.

6. Schneiden Sie den Außenstoff wieder mit 1 cm Nahtzugabe aus den Hosenbeinteilen der Jeans zu.

7. Für die Klappe zeichnen Sie sich eine Schablone in der Breite der Hülle (Gerätemaß plus 0,5 cm, im Beispiel also 24,5 cm) und 10–15 cm Höhe, je nach Größe der Hülle und der Tiefe der Tasche – testen Sie zunächst mit dem Papierschnitt die Proportionen.

8. Das Schnittteil für die Taschenklappe schneiden Sie zweimal mit 1 cm Nahtzugabe ringsherum zu.

9. Wenn Sie eine der aufgesetzten Taschen der Jeans wiederverwerten möchten, trennen Sie sie jetzt ab und steppen Sie sie auf das Schnittteil für Vorder- oder Rückseite auf. [2]

Tipp: Die sichtbaren Steppnähte werden bei Jeans oft mit einem gelben, braunen, kupferfarbigen oder roten Garn ausgeführt. Verwenden Sie für Ihre Ziernähte die gleiche Farbe, das sieht besonders professionell aus. Spezielles Jeansgarn gibt es zu kaufen, Sie können aber auch normales Nähgarn doppelt einfädeln und mit doppeltem Faden steppen.

 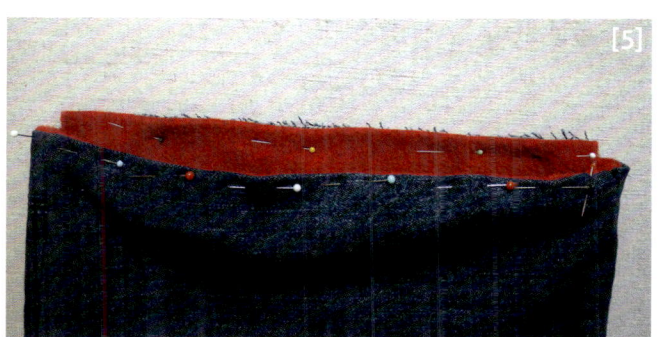

10. Wenn Sie die Hülle mit einem Klettverschluss schließen wollen, steppen Sie die Hakenseite des Verschlusses parallel zur schmalen Kante der Vorderseite auf, je nach Tiefe der Tasche in etwa 7–12 cm Abstand. [3]

Tipp: Besonders einfach und haltbar lässt sich Klettband mit einem schmalen Zickzackstich aufnähen.

11. Schließen Sie zunächst die Längsnähte der Hülle rechts auf rechts, dann die Bodennähte, genau wie beim Futter. [4]

12. Schneiden Sie die Nahtzugaben an den innen liegenden Ecken knapp bis vor die Naht ein und bügeln Sie die Nahtzugaben auseinander.

13. Stecken Sie die Futterhülle und die Außenhülle linke Seite auf linke Seite ineinander, so dass sich die Nahtzugaben treffen.

14. Schneiden Sie die Nahtzugaben an der Ecke zwischen Rückseite und Seitenteilen der Hülle ein, so dass Sie die Nahtzugaben an

drei Seiten der noch offenen Kante gegeneinander einklappen können und steppen Sie diese Kante ab. [5] An den Nahtzugaben der vierten Seite werden die Teile für die Klappe festgenäht.

15. Für den Verschluss mit Klett steppen Sie die flauschige Seite des Verschlusses parallel zu einer der Längsseiten eines Klappenteils auf, in etwa 2–3 cm Abstand zur Kante. Probieren Sie vor dem Steppen, ob der Streifen beim Schließen der Hülle auf sein Gegenstück auf der Hüllenvorderseite trifft!

16. Nähen Sie anschließend die beiden Klappenteile entlang einer der längeren Seiten rechts auf rechts zusammen und bügeln Sie die Nahtzugaben auseinander.

17. Die Nahtzugaben der schmalen Klappenseiten werden 1 cm nach links umgelegt und gebügelt.

18. Nähen Sie eine Längsseite der Klappe von innen an der Nahtzugabe der vierten Hüllenseite fest, wobei die rechte Seite der Klappe auf das Futter trifft. [6]

[6]

[7]

[8]

19. Schlagen Sie die Nahtzugabe der zweiten Längsseite nach innen ein, stecken Sie sie fest und steppen Sie die Kanten der Klappe von der rechten Seite sichtbar fest.

20. Für den Gummibandverschluss nähen und bügeln Sie die Klappenteile und nähen eine der langen Seiten rechts auf links an die Nahtzugabe der Hülle wie bei der Klappe mit Klettverschluss erklärt. Stecken Sie das breite Gummiband zwischen den beiden Lagen der Klappe sorgfältig fest. Passen Sie die Länge des Gummis so an, dass es die Hülle mit einem leichten Zug verschließt. [7]

21. Schlagen Sie die Nahtzugabe der zweiten Klappenlängsseite nach links ein und steppen Sie den Rand der Klappe einmal ringsherum ab, wobei das Gummiband zwischen den beiden Lagen der Klappe mitgefasst wird. [8]

Ein neuer Rock aus einer alten Jeans

Die zum Rock umgewandelte Jeans ist seit den 70er Jahren ein Klassiker, oft mit Borten, Aufnähern und Stickereien üppig verziert. Die Einsätze auf Vorder- und Rückseite werden meistens aus den Hosenbeinen geschnitten, Sie können aber auch einen anderen, nicht zu dünnen Stoff verwenden.

✂ Material:
- 1 Jeans, die am Bund passt
- eventuell Kontraststoff für die Einsätze (festere Baumwolle, Cord, Dekostoff)
- Jeansnadel für die Nähmaschine

👉
1. Wählen Sie eine Jeans, bei der Ihnen bzw. der künftigen Trägerin der Bund gut passt. Trennen Sie die inneren Beinnähte komplett auf und probieren Sie die Hose an, um die Länge des künftigen Rocks festzulegen. Denken Sie an 2–3 cm Zugabe für den Saum und schneiden Sie die Hose in der gewünschten Länge ab.

2. Legen Sie die Hose flach hin und trennen Sie die vordere und die rückwärtige Mittelnaht bis zum Beginn der Schrittrundung bzw. bis zum Beginn des Reißverschlusses auf.

3. Schieben Sie in der vorderen und rückwärtigen Mitte jeweils die beiden Schnittteile übereinander, so dass das Oberteil der Hose ganz flach liegt. Hierbei können Sie die Weite und die Form des fertigen Rocks beeinflussen: Je mehr Sie die Teile übereinanderschieben, desto enger wird der Rock. [1]

4. Klappen Sie den überschüssigen Stoff nach links ein und stecken Sie ihn fest. [2] Wenn Sie die Hose anprobiert haben und der

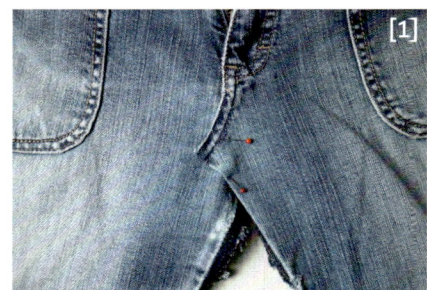

Sitz Ihnen soweit zusagt, können Sie das oben liegende Teil von rechts feststeppen. [3]

5. Zeichnen Sie – jeweils für Vorder- und Rückseite getrennt – die Form des dreieckigen Einsatzes zwischen den Hosenbeinen ab, indem Sie einen Bogen Papier zwischen die beiden Stofflagen schieben und die Kanten der Hose abzeichnen. Begradigen Sie die Linien mit dem Lineal und schneiden Sie den Einsatz nach diesem Schnittmuster mit Nahtzugaben aus dem unteren Teil der Jeans oder aus dem Kontraststoff zu. Wundern Sie sich nicht über die Form: die Einsätze sind meistens nicht symmetrisch.

6. Nehmen Sie sich Zeit beim Feststecken der Einsätze: Stecken Sie sie rechts auf rechts in die Lücke, beginnen Sie dabei an der Spitze und arbeiten Sie sich zum Saum vor.

7. Nähen Sie die Einsätze ein, jeweils mit zwei Nähten von der Spitze zum Saum. [4]

8. Bügeln Sie die Nahtzugaben zu einer Seite, versäubern Sie sie und steppen Sie sie (wenn Sie möchten) von rechts knapp neben der Naht ab. Stimmen Sie die Nähgarnfarbe auf die übrigen Ziersteppereien der Hose ab und verwenden Sie Jeansgarn oder doppelt genommenes Standardgarn – oder suchen Sie sich eine Kontrastfarbe aus.

9. Schlagen Sie den Saum doppelt ein und steppen Sie ihn fest. Verzieren Sie den Rock mit aufgesteppten Borten. [5]

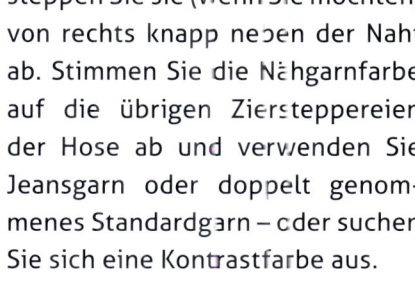

🔘 Kleine Umhängetasche mit Reißverschluss

Die Hosentasche und die kleine Münztasche einer Jeans liefern hier schon fix und fertig zwei Fächer für eine kleine Umhängetasche. In die seitlichen Schlaufen, die aus zwei Gürtelschlaufen gemacht werden, können Sie Taschenhenkel in der Länge einhängen, wie Sie sie am liebsten tragen. Sogar den Reißverschluss der Jeans könnte man für dieses Projekt wiederverwerten, falls er lang genug ist.

✂ Material:
- 1 Jeans
- Rest Baumwollstoff für das Futter
- Reißverschluss 25 cm
- 1,50 m dicke Kordel oder Seil aus dem Baumarkt
- kleiner Rest Baumwollgarn passend zur Kordel
- 2 kleine Karabinerhaken
- Jeansnadel für die Nähmaschine

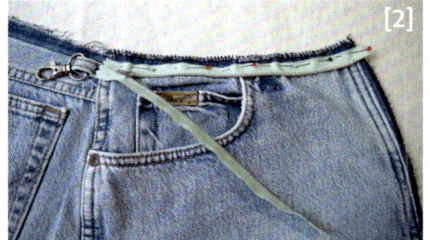  

 1. Trennen sie den Bund am Vorderteil der Jeans von der Seitennaht bis zur Mitte ab.

2. Zeichnen Sie auf dem Vorderteil die Form der Tasche vor: Die Seite verläuft parallel zur vorderen Mitte der Jeans bis zum Ende der Taschenbeutel, die untere Kante ist leicht abgerundet. Auf der Rückseite verläuft die Rundung unterhalb der Potasche. [1]

3. Schneiden Sie das Taschenteil aus, wenn Sie mit der Vorzeichnung zufrieden sind, und schneiden Sie in gleicher Größe zwei Futterteile aus dem Baumwollstoff.

4. Ziehen Sie den Reißverschluss auf und nähen Sie zuerst eine Oberkante des Jeansteils von der Seitennaht bis zur Mitte rechts auf rechts an das Band des Reißverschlusses [2], dann die zweite Kante. [3] Bügeln Sie die Jeansteile vom Reißverschluss weg.

5. Nähen Sie die beiden Futterteile von innen an die Bänder des Reißverschlusses, die rechte Stoffseite trifft auf die linke Seite der Reißverschlussbänder. [4]

6. Öffnen Sie den Reißverschluss und legen Sie die Stoffteile so hin, dass jeweils zwei Jeansteile und zwei Futterteile rechts auf rechts aufeinanderliegen.

7. Trennen Sie zwei Gürtelschlaufen ab und stecken Sie sie als Schlaufen mit den Karabinern dicht

an der oberen Kante der Tasche zwischen den beiden Jeansteilen fest, so dass die Schlaufe nach innen zeigt. An der Jeansseitennaht müssen Sie dazu ein kleines Stück auftrennen. [5]

8. Stecken Sie die Jeansteile und die Futterteile jeweils zusammen und steppen Sie zunächst die Seiten und den Boden der Außentasche mit 1 cm Nahtzugabe. Beginnen und enden Sie jeweils so dicht wie möglich am Reißverschluss und verriegeln Sie dort die Naht mit ein paar Rückwärtsstichen.

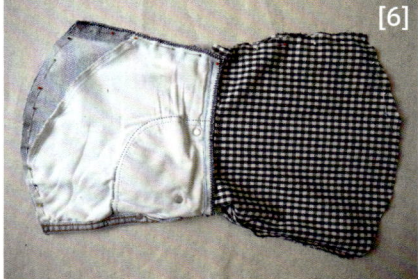

9. Steppen Sie die Seiten- und Bodennaht im Futter in der gleichen Weise, aber lassen Sie im Boden eine 10 cm lange Öffnung zum Wenden. [6]

10. Wenden Sie die Tasche, ziehen Sie das Futter nach innen und schließen Sie die Öffnung im Futter mit der Hand.

11. Die Kordel bekommt an jedem Ende eine Schlaufe, die in die Karabiner eingehakt werden kann. Nähen Sie die Kordeln oberhalb der Schlaufe mit der Hand anein-

ander und stechen Sie dabei kreuz und quer durch die Kordeln. Umwickeln Sie diese Stelle dicht mit dem Baumwollgarn, wobei sie den Anfang des Garns gleich mit einwickeln und das Ende mit einer Stopfnadel unter die Wicklung ziehen. [7]

Oberhemden

Hemden und weite Blusen liefern viel Stoff, denn sie gehen in der Regel zuerst an Kragen und Manschetten kaputt, während der Rest noch in Ordnung ist. Trennen Sie die intakten Teile heraus und verwenden Sie den Stoff für kleine Nähprojekte, aber auch als Futter für Täschchen oder als Material für Taschenbeutel und Belege.

Hemden reparieren

Einen abgewetzten Kragen durch einen Stehkragen ersetzen

Material:
- 1 Oberhemd
- Nähgarn passend zum Hemd

Während der Hemdkragen am Knick durchgescheuert ist, ist der Kragensteg oft noch intakt. Trennen Sie den Kragen einfach heraus, verwandeln Sie den Klappkragen in einen Stehkragen, dann lässt sich das Hemd wenigstens noch in der Freizeit tragen.

1. Trennen Sie zuerst die Steppnähte am Kragensteg auf: Durchtrennen Sie auf einer Seite den Faden alle 1–2 cm, der Faden der anderen Seite lässt sich dann leicht herausziehen.

2. Als nächstes die Verbindungsnaht zwischen Kragen und Kragensteg vorsichtig auftrennen und den oberen Teil des Kragens herausziehen. [1]

3. Die offene Kante des Kragenstegs aufeinanderstecken und mit passendem Garn rundherum absteppen. [2] Orientieren Sie sich dabei an der ehemaligen Steppnaht.

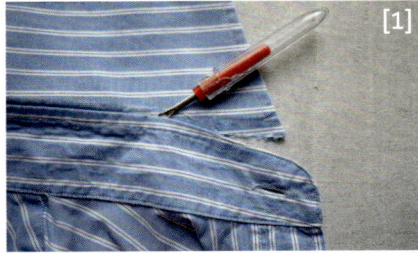

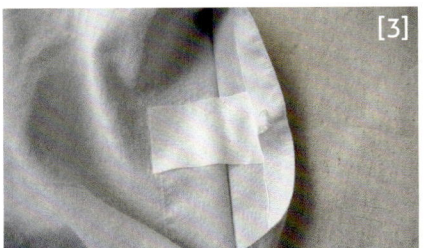

Knopfleiste reparieren

Material:
- 1 Oberhemd
- passendes Nähgarn
- Rest aufbügelbare Einlage

1. Trennen Sie den Knopf vorsichtig ab und trennen Sie außerdem ein Stück der Knopfleiste auf, so dass Sie an die schadhafte Stelle herankommen.

2. Schneiden Sie ein kleines Stück aufbügelbare Einlage in der Breite der Knopfleiste zu, platzieren Sie es mit der Klebseite nach unten auf der linken Seite der Knopfleiste hinter der ausgerissenen Stelle und bügeln Sie es fest. [3]

3. Sichern Sie die Einlage außerdem von der rechten Seite mit einem kleinen Zickzackstich. [4]

4. Steppen Sie die Knopfleiste wieder fest und nähen Sie den Knopf wieder an.

⊕ Ein Kissenbezug aus einem Oberhemd

Die Stoffe von Oberhemden sind oft sehr weich und hochwertig und dank der Knopfleiste, die wiederverwertet wird, müssen Sie sich um den Verschluss der Kissenbezüge keine Gedanken machen.

Material:
- 1 Oberhemd
- passendes Nähgarn

1. Legen Sie das zugeknöpfte Oberhemd flach hin, richten Sie die Seitennähte aus, stecken Sie die beiden Lagen zusammen und messen Sie für einen Kissenbezug mit 40 cm Seitenlänge ein Quadrat von 43 × 43 cm auf der Vorderseite des Hemdes ab und zeichnen Sie es an. Bei Hemden in einer größeren Größe können Sie einen Bezug mit 50 cm Seitenlänge herausschneiden, bei sehr großen Hemden sind sogar 60 cm Seitenlänge möglich. Die waagerechten Begrenzungen des Quadrats sollten etwa in der Mitte zwischen zwei Knopflöchern verlaufen.

2. Schneiden Sie das angezeichnete Quadrat aus. [1] Taschen, die in der Nahtlinie liegen, werden abgetrennt – wenn Sie möchten, können Sie sie wieder auf den Bezug steppen.

3. Legen Sie die beiden Stofflagen nun rechts auf rechts und stecken Sie sie rundherum fest, so dass die Knöpfe nun innen liegen.

4. Steppen Sie in 1,5 cm Abstand von der Kante beide Lagen zusammen und versäubern Sie die Nahtzugaben. [2]

5. Wenden Sie den Bezug durch die Knopfleiste.

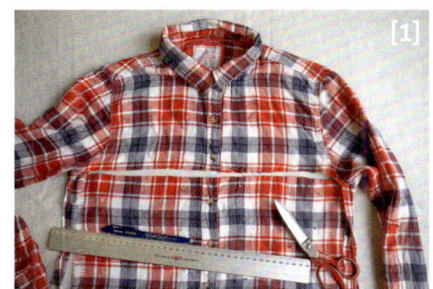
[1]

[2]

Malkittel für Kinder

Nur ein altes Hemd und ein paar „Zutaten" sind nötig, um eine Malschürze zu nähen, die beim Klecksen in der KiTa oder in der Grundschule die Kleidung schützt.

Material:
- 1 Oberhemd mit langen Ärmeln
- ca. 2,50 m Schrägband
- ca. 30 cm dünnes Wäschegummi
- ca. 4 cm Klettverschluss

1. Schneiden Sie den Kragen des Hemdes knapp unter dem Steg ab, außerdem die Knopfleiste und die Manschetten samt Schlitzen.

2. Kürzen Sie das Hemd auf 65 cm Länge, von der Schulternaht gemessen, oder passend zu der Größe Ihres Kindes.

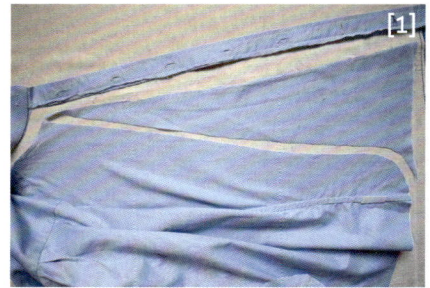

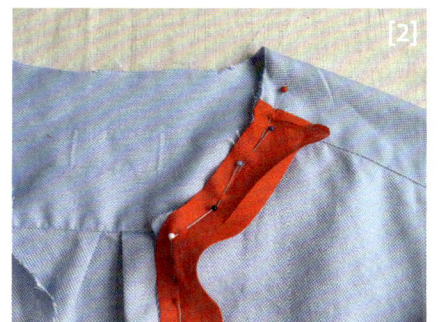

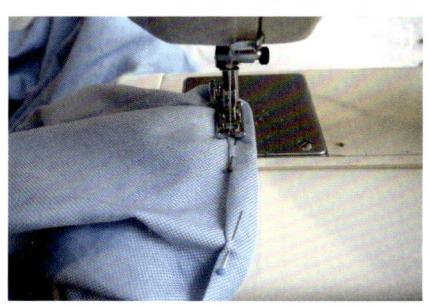

3. Schneiden Sie die Hemd-Vorderteile in einem Bogen von der Seitennaht zum Halsausschnitt zu, nehmen Sie dabei einen großen Teller zur Hilfe. [1] Die abgerundeten Vorderteile bilden später die Rückseite des Malkittels.

4. Fassen Sie die offenen Kanten des Malkittels, also den Ausschnitt, die abgerundeten Rückenteile und den Saum in einem Rutsch mit Schrägband ein. Beginnen Sie dabei an einer Naht, falten Sie das Schrägband auf und stecken und steppen Sie es rechts auf rechts mit 5 mm Nahtzugabe entlang der Kante fest. [2]

5. Bügeln Sie das Schrägband auf die linke Seite und steppen Sie es von rechts fest.

Tipp: Besonders schnell und einfach lässt sich das Schrägband mit Zickzackstich festnähen.

6. Nähen Sie das Klettband als Verschluss am Halsausschnitt auf. [3]

7. Lassen Sie den Malkittel anprobieren und überprüfen Sie die Länge der Ärmel: Sie sollten am Handgelenk abschließen, für den Gummizug brauchen Sie etwa 1,5 cm Zugabe. Kürzen Sie die Ärmel soweit nötig.

8. Bügeln Sie die Schnittkanten der Ärmel einmal 5 mm und anschließend 1 cm nach links um und steppen Sie sie fest, so dass ein Tunnel für das Gummiband entsteht. [4]

9. Lassen Sie dabei eine kleine Öffnung und ziehen Sie jeweils ein Gummi von ca. 15 cm Länge ein [5], das Sie zum Ring schließen. [6]

Ein Sommerrock oder eine Schürze aus einem Oberhemd

Ein sommerlicher Rock oder eine Schürze entsteht ohne Schnitt und mit wenigen Nähten aus einem alten Oberhemd. Da die Knopfleiste einfach weiterverwendet wird, müssen Sie weder Reißverschluss noch Knopflöcher nähen – und wenn Sie die Knopfleiste offen lassen und die Rückseite nach vorne tragen, wird der Rock zur Schürze. Je nach Material, Farbe und Muster des Hemds kann Ihr neues Kleidungsstück ganz unterschiedlich aussehen: ein gebügeltes, hellblaues Businesshemd ergibt einen leichten, kühlenden Rock für heiße Sommertage. Ein flauschiges, kariertes Flanellhemd passt zum Herbst, zu Pullovern, Stiefeln und dicken Strumpfhosen.

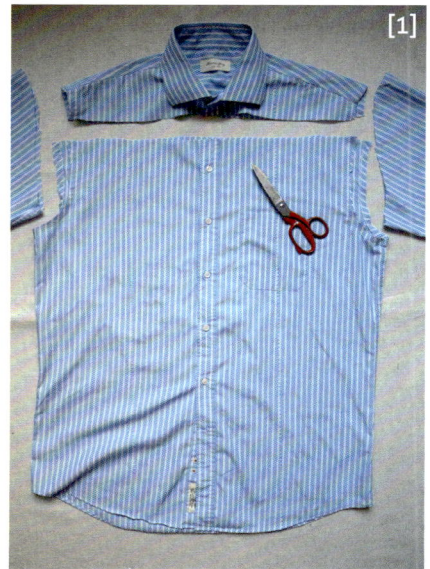

> **Material:**
> - 1 Oberhemd mit langen Ärmeln, das Hemd muss einige Zentimeter weiter als die Hüftweite der Rockträgerin sein – ein Oberhemd im klassischen Schnitt in Kragenweite 42 passt einer Größe 38/40
> - 1 Streifen dünne Einlage zum Aufbügeln (Vlieseline H2C0 oder Vergleichbares), ca. 25 cm Meterware

1. Breiten Sie das Hemd glatt aus, schneiden Sie die Ärmel ab und schneiden Sie mit einem geraden Schnitt den Kragen ab – wenn das Hemd eine Passe hat, schneiden Sie knapp unter der Passennaht quer durch Vorder- und Rückenteil. [1]

2. Drehen Sie das Hemd auf links, probieren Sie es an und stecken sie am Körper die Armöffnungen an der Seite zu und lassen Sie die Naht zur Seitennaht auslaufen.

3. Steppen Sie die neue Seitennaht, bügeln Sie die Naht aus, schneiden Sie die Nahtzugaben wenn nötig zurück und versäubern Sie sie. [2]

4. Messen Sie Ihre Taillenweite und die Weite der oberen Kante des Rocks und teilen Sie die Mehrweite in 4 Falten auf, zwei im Vorderteil, zwei im Rückenteil.

5. Platzieren sie die Falte im Vorderteil in ca. 9 cm Abstand zur Seitennaht, im Rückenteil in etwa 12 cm Abstand zur Seitennaht. Die Falten können auf verschiedene Arten gelegt und genäht werden: aufspringend zur Seitennaht oder zur Mitte, als Kellerfalte, oder Sie steppen die Falten ein Stück zu und lassen sie erst etwas tiefer aufspringen. Probieren Sie vor dem Spiegel verschiedene Möglichkeiten aus! Wenn Ihre Entscheidung gefallen ist, fixieren Sie die Falten provisorisch durch eine Steppnaht an der oberen Kante und probieren den Rock an, um die Passform zu überprüfen. [3]

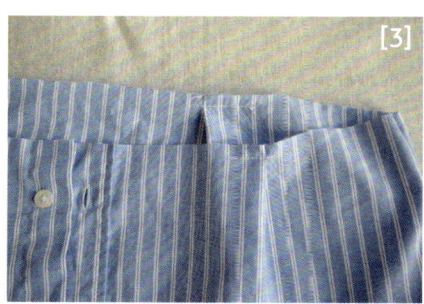

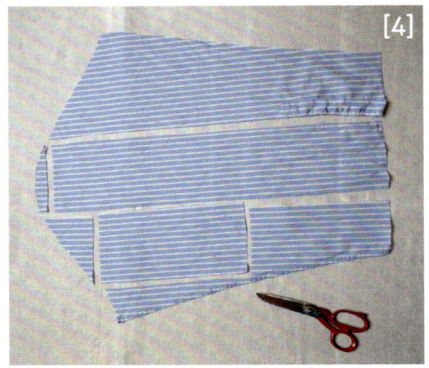

6. Wenn der Rock in der Taille passt, schneiden Sie aus den Ärmeln Streifen für das Bindeband zu, immer 10 cm breit und insgesamt etwa 1,50 m lang. [4]

7. Verstärken Sie die Streifen auf der Rückseite mit Einlage und steppen Sie sie zu einem einzigen langen Band zusammen. [5]

8. Stecken Sie den Streifen rechts auf rechts mit 1 cm Nahtzugabe an der Oberkante des Rocks fest, die Mitte des Streifens trifft auf die hintere Mitte. Falten Sie die Knopfleisten vorne jeweils zur Hälfte schräg auf die linke Seite, damit der Knoten des Bindebands Platz hat.

9. Steppen Sie den Bundstreifen am Rock fest.

10. Falten und bügeln Sie den Streifen der Länge nach rechts auf rechts und steppen Sie vom Rockteil ausgehend mit 1 cm Nahtzugabe entlang der langen Seite und der offenen schmalen Seite. [6]

11. Schneiden Sie die Nahtzugabe des Bindebandes an der Ecke ein wenig zurück, wenden und bügeln Sie das Band.

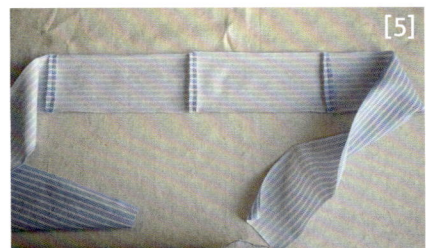

12. Klappen Sie die Nahtzugabe gegen die Rockansatznaht und nähen Sie sie mit der Hand fest [7]. Wenn Sie möchten, können Sie den Bund und das Bindeband rundherum knappkantig absteppen.

13. Wenn Sie den Schürzenrock ausschließlich als Rock anziehen möchten, können Sie die Knopfleiste zum Teil zusteppen. Probieren Sie aus, wie viele Knöpfe Sie öffnen müssen, um den Rock bequem an- und auszuziehen, nähen Sie unter dieser Stelle einen Riegel quer über die Knopfleiste und steppen Sie unterhalb entlang der vorderen Kante zu.

14. Wenn Ihnen der geschwungene Hemdsaum nicht gefällt, begradigen Sie ihn, schlagen Sie ihn zweimal um und steppen Sie ihn in der gewünschten Länge fest.

Tipp: Zur Verzierung des Rocks gibt es viele Gestaltungsmöglichkeiten: Setzen Sie Taschen auf, steppen Sie eine Spitze oder eine dekorative Borte an den Saum oder tauschen Sie die Knöpfe des Hemdes aus.

⊙ Verwandeln Sie ein Hemd in eine Schößchenbluse mit Schluppe

Ein großes Hemd wird mit wenigen Schnitten und einigen Nähten eine feminine Bluse. Diese Anleitung können Sie endlos variieren: Nähen Sie die Schluppe aus einem farbigen Kontraststoff, denken Sie sich einen anderen Kragen aus oder fassen Sie den Halsausschnitt lediglich schmal mit Schrägband ein. Schneiden Sie einen eckigen oder einen V-Ausschnitt in die Bluse, den Sie mit einem Beleg verstürzen, nähen Sie Spitze an das Schößchen oder geben Sie der Bluse einen folkloristischen Anstrich, indem Sie sie mit bunten Zierstichen verzieren. Besonders viel Spaß macht das Nähen, wenn Sie gemeinsam mit einer Freundin experimentieren und sich gegenseitig beim Abstecken helfen können.

Material:
- 1 Herrenhemd

1. Trennen Sie die Ärmel ab, schneiden Sie den Kragen aus dem Hemd heraus und ziehen Sie es an.

2. Markieren Sie auf dem Hemd die Höhe Ihrer Taille, indem Sie sich ein Band oder einen Gürtel umbinden und dessen Position mit einem auswaschbaren Markierstift oder mit Stecknadeln auf dem Hemd nachzeichnen.

3. Schneiden Sie das Hemd knapp unterhalb dieser Markierung gerade durch – bei unserem Beispiel liegt der Schnitt 48 cm unter der Schulternaht – und trennen Sie die Seitennähte des oberen Teils auf.

4. Ziehen Sie diesen Teil wieder an und passen Sie ihn auf Ihre Figur an: Stecken Sie die Seitennähte neu und legen Sie jeweils in der Mitte der Vorderteile den Stoff in eine Falte, die zur Seitennaht aufspringt.

5. Nähen Sie die Seitennähte neu, schneiden Sie die Nahtzugaben zurück, bügeln Sie sie auseinander und versäubern Sie sie.

6. Fixieren Sie die gesteckten Falten provisorisch mit einer Quernaht am Rand des Oberteils.

7. Aus dem unteren Teil des Hemds, auch aus der Knopfleiste, schneiden Sie einen 15 cm breiten Streifen für das Schößchen. Wenn Sie möchten, können Sie den Originalsaum des Hemds mit der typischen Rundung weiterverwenden. Achten Sie in jedem Fall darauf, dass auf der Knopfleiste ein Knopfloch etwa 3 cm von der oberen Kante entfernt platziert ist.

8. Legen Sie den Schößchenstreifen in Falten und stecken Sie ihn rechts auf rechts an der Unterkante des Oberteils fest. Dazu stecken Sie am besten zuerst die Seitenähte, die rückwärtige Mitte und die Knopfleisten von Oberteil und Schößchen aufeinander, um die restliche Weite gleichmäßig in den Falten unterbringen zu können.

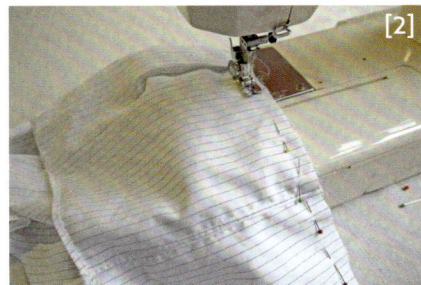

9. In der Mitte des Rückenteils liegt eine Kellerfalte, rechts und links davon jeweils eine einfache Falte, deren Bruch zur Seitennaht zeigt. Im Vorderteil gibt es zwei einfache Falten in Richtung Seitennaht, die mit den Falten im Oberteil abschließen. [1]

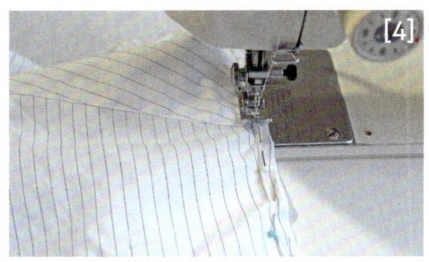

10. Wenn Sie mit der Faltenverteilung zufrieden sind, nähen Sie das Schößchen mit 1,5 cm Nahtzugabe am Oberteil fest und bügeln Sie die Nahtzugaben gemeinsam ins Oberteil. [2]

11. Schneiden Sie die Nahtzugabe des oberen Teils auf 5 mm zurück, falten Sie die längere, unbeschnittene Nahtzugabe darüber und steppen Sie sie von rechts knappkantig fest. [3]

12. Schlagen Sie die Armausschnitte zweimal ganz schmal auf die linke Seite um, stecken und bügeln Sie diesen schmalen Saum und steppen Sie ihn fest. [4]

13. Für die Schluppe schneiden Sie die Ärmel entlang der Nähte auf und schneiden die Manschetten ab. Zeichnen Sie mit dem Lineal 4 große Streifen längs auf den Stoff der Ärmel: 6 cm breit und so lang wie möglich, die Streifen in unserem Beispiel sind jeweils 55 cm lang. [5]

14. Fügen Sie jeweils zwei Streifen an den kurzen Seiten zu einem längeren Streifen zusammen und bügeln Sie die Nahtzugaben auseinander.

☀ **Tipp:** Verändern Sie die Form und Größe des Halsausschnitts, bevor Sie die Schluppe annähen.

15. Stecken Sie einen Streifen rechts auf rechts entlang des Halslochs fest, so dass die Mittelnaht des Streifens auf die rückwärtige Mitte der Bluse trifft, und nähen Sie den Streifen mit 1 cm Nahtzugabe fest. [6]

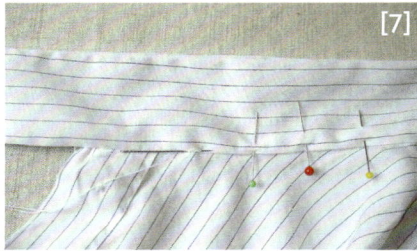

16. Den zweiten Streifen stecken Sie rechts auf rechts auf den bereits festgenähten Streifen und steppen immer mit 1 cm Abstand vom Rand beide Streifen zusammen, dabei beginnen und enden Sie an der vorderen Kante des Halsausschnitts.

17. Schneiden Sie die Nahtzugaben zurück, falls nötig, wenden und bügeln Sie den Streifen.

18. Schlagen Sie die noch offene Kante so ein, dass die Nahtzugabe des Halsausschnitts im Streifen liegt, und steppen sie von der Innenseite der Bluse her knappkantig fest. [7]

⊕ Ein Kinderkleid aus einem Oberhemd nähen

Mit wenig Aufwand wird aus einem Männerhemd ein niedliches Sommerkleid für die Tochter. Kombinieren Sie ein langweiliges Uni-Hemd mit bunten, gemusterten Schrägstreifen, dann gefällt es auch dem Kind! Das Kleid passt mit den angegebenen Maßen etwa für Größe 122. Der Schnitt wird direkt auf den Stoff gezeichnet, und wenn Sie die Weite und Länge sicherheitshalber mit einem passenden Kleidungsstück vergleichen, bevor Sie das Hemd zerschneiden, kann nichts schiefgehen.

✂ Material:
- 1 Herrenhemd
- ca. 3 m Schrägband, auf 2 cm Breite gefaltet
- ca. 1,60 m dünnes Wäschegummiband
- kleine Sicherheitsnadel
- eventuell Spitzenborte oder anderes Material zum Verzieren

Oberhemden

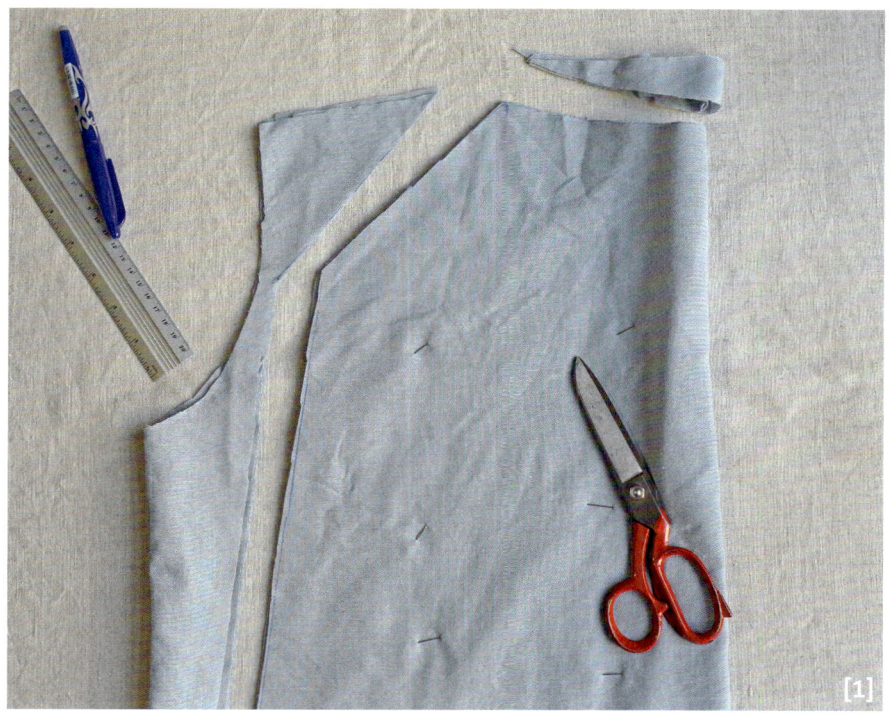

👉 Zuschnitt

1. Breiten Sie das Hemd glatt aus und schneiden Sie die Ärmel und den Kragen quer über die ganze Breite ab. Falls das Hemd eine Passe hat, schneiden Sie quer unterhalb der Passe. Aufgesetzte Taschen werden von links vorsichtig abgetrennt.

2. Falten Sie das Hemd entlang der Knopfleiste und stecken Sie die Stofflagen aufeinander.

3. Zeichnen Sie die Schnittlinien auf dem Hemd vor: Markieren Sie an der oberen Schnittkante einen Punkt in 12 cm Entfernung von der Mitte der Knopfleiste und zeichnen Sie für die Ausschnittkante von der Knopfleiste ausgehend einen leichten Bogen bis zu diesem Punkt.

4. Für die Verbindungsnaht mit den Ärmeln ziehen Sie von dem zuerst markierten Punkt eine 15 cm lange diagonale Linie in Richtung Seitennaht im 45-Grad-Winkel. Sie reicht ungefähr bis zum Armausschnitt.

5. Vom Endpunkt dieser Linie zeichnen Sie eine Linie schräg nach unten ausgestellt bis zum Saum des Hemdes. Zur Orientierung: Der Abstand zwischen dem Bruch und der eingezeichneten Linie beträgt oben etwa 20 cm.

6. Wenn Sie alle Maße kontrolliert und mit einem passenden Oberteil verglichen haben, können Sie das Kleid entlang der gezeichneten Linien durch alle Stofflagen ausschneiden. [1]

7. Das halbe Schnittteil für den Ärmel zeichnen Sie sich zuerst auf einem Blatt Papier auf: Zeichnen Sie in die linke obere Ecke des

Papiers einen rechten Winkel und markieren Sie auf der waagerechten Linie einen Punkt in 12 cm Abstand zur Ecke.

8. Zeichnen Sie von diesem Punkt ausgehend eine diagonale Linie von 15 cm Länge im 45-Grad-Winkel.

9. Von diesem Ausgangspunkt ziehen Sie eine Linie von 6 cm senkrecht nach unten.

10. Messen Sie auf der senkrechten Linie des zuerst gezeichneten 90-Grad-Winkels 18 cm nach unten und verbinden Sie diesen Punkt in einem leichten Bogen mit dem zuletzt gezeichneten.

11. Zeichnen Sie auch entlang der oberen Kante für den Ausschnitt eine leichte Rundung.

12. Bügeln Sie die abgeschnittenen Ärmel des Hemdes flach, falten Sie sie längs zur Hälfte und legen Sie das Ärmelschnittteil an diesen Stoffbruch an, um zwei Ärmel zuzuschneiden. [2]

☛ *Nähen*

1. Stecken Sie die Ärmel entlang der 15 cm langen Achselnaht rechts auf rechts auf das Vorderteil mit der Knopfleiste und nähen Sie die Teile mit 1,5 cm Nahtzugabe zusammen. [3]

2. Stecken Sie das Rückenteil rechts auf rechts in gleicher Weise an die andere Achselnaht der Ärmel und steppen Sie die Teile zusammen. Bügeln Sie die Nähte auseinander und versäubern Sie die Nahtzugaben. [4]

3. Falten Sie das Schrägband auf und stecken Sie es rechts auf rechts entlang des Knicks an den Ausschnitt, beginnen und enden Sie dabei an einer der rückwärtigen Verbindungsnähte. Die Knopfleiste wird dabei einfach mit zugesteckt.

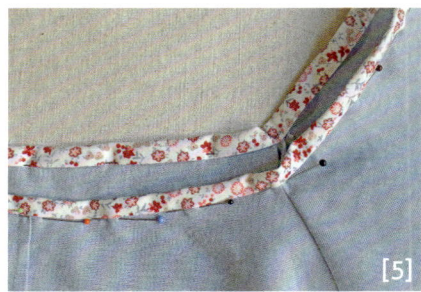

4. Falten Sie Anfang und Ende des Schrägbands 5 mm auf die linke Seite um und lassen Sie dazwischen eine kleine Lücke, so dass später das Gummiband eingezogen werden kann.

5. Nähen Sie das Schrägband an, schneiden Sie wenn nötig die Nahtzugabe des Ausschnitts auf 5 mm zurück und klappen Sie das Schrägband ein, so dass es die offene Kante einfasst. [5]

6. Stecken Sie die Kante des Bandes von rechts sorgfältig fest, so dass das Schrägband auf der Innenseite etwas breiter liegt als außen und steppen Sie von rechts im Nahtschatten, das heißt ganz dicht an der Kante des Schrägbands entlang.

Tipp: Wenn Sie die Schrägstreifen selbst anfertigen, schneiden Sie sie knapp 4 cm breit zu und bügeln sie dann auf 2 cm Breite.

7. Legen Sie das Kleid rechts auf rechts und nähen Sie die Ärmelnähte und die Seitennähte in einem Rutsch, bügeln Sie die Naht aus und versäubern Sie die Nahtzugaben. [6]

8. Fassen Sie die Ärmel ebenso mit Schrägband ein wie den Halsausschnitt, wobei Sie an der Ärmelnaht beginnen und enden.

9. Ziehen Sie das Wäschegummiband mit einer Sicherheitsnadel in die Tunnel am Halsausschnitt und an den Ärmeln ein, für den Halsausschnitt brauchen Sie ein Stück von ca. 48 cm, für die Ärmel zwei Stücke von ca. 23 cm Länge.

10. Lassen Sie Ihr Kind das Kleid anprobieren und regulieren Sie wenn nötig die Weite des Ausschnitts, ehe Sie Anfang und Ende des Gummibands zusammensteppen. Auch die Position des Gummizugs in der Taille wird beim Anprobieren festgelegt: hier liegt das Gummi 21 cm unter dem Ausschnitt, entlang der Knopfleiste gemessen.

11. Messen Sie die Weite des Kleides in der Taille und schneiden Sie das Schrägband 1 cm länger zu. Klappen Sie die Schnittkanten des Bandes an Anfang und Ende ca. 5 mm auf die linke Seite.

[7]

12. Stecken Sie das Schrägband, ausgehend von einer Seitennaht, entlang der markierten Taille fest und steppen Sie es knapp entlang der Längskanten auf, so dass ein Tunnel für das Gummiband entsteht. [7]

[8]

13. An einer Seitennaht bleibt eine kleine Lücke, dort wird ein Gummi von etwa 55 cm Länge eingezogen und zum Ring geschlossen.

☞ *Spitze aufnähen*
1. Schneiden Sie den Saum des Kleidchens gerade und stecken Sie die Borte links auf rechts mit etwa 5 mm Nahtzugabe entlang des Saums fest. Anfang und Ende der Borte werden knapp nach links umgeschlagen.

2. Nähen Sie die Spitze mit einer einfachen Steppnaht von rechts fest. [8]

3. Bügeln Sie die Nahtzugabe auf der Rückseite nach oben, von der Spitze weg.

[9]

4. Nähen Sie die Kante der Spitze mit einem kleinen, nicht zu dichten Zickzackstich ein zweites Mal von rechts fest.

5. Schneiden Sie mit einer kleinen Schere die Nahtzugabe auf der Rückseite zurück. [9]

Variationen:
Teilen Sie das Schrägband für den Taillentunnel in zwei Teile, die Sie getrennt auf Vorder- und Rückseite steppen. Ziehen Sie eine bunte Gummikordel in die Tunnel mit zwei Kordelstoppern an den Seiten, mit denen sich die Weite regulieren lässt. Lassen Sie den Tunnelzug weg und machen Sie ein Hängerkleid daraus, setzen Sie Taschen aus buntem Stoff auf das Rockteil oder schneiden Sie die Ärmel aus einem kontrastierenden Stoff zu. Für ein längeres Kleid können Sie eine Rüsche aus einem anderen Stoff oder einem anderen Hemd an das Rockteil setzen. Übrigens lässt sich dieses Kinderkleid auch genauso aus einem alten T-Shirt nähen, Sie sollten nur eine Jerseynadel für die Maschine verwenden.

T-Shirts aus Jersey

Eingelaufene, löchrige oder fleckige T-Shirts sammeln sich mit der Zeit wohl in jedem Kleiderschrank. Ihre Verwandlung lohnt sich, denn Jersey ist besonders weich und dehnbar und damit ideal für Kinderkleidung. Verwenden Sie eine Jerseynadel und stellen Sie einen kleinen Zickzackstich oder einen anderen Elastikstich ein, damit die Nähte genauso flexibel bleiben wie der Stoff – dann lässt sich Jersey auf jeder Haushaltsnähmaschine verarbeiten.

⊕ Negativapplikationen

Manches T-Shirt weist hartnäckige Flecken oder kleine Löcher auf und wird deshalb nicht mehr getragen. Negativapplikationen, bei denen das Motiv ausgeschnitten und mit Stoff in einer anderen Farbe unterlegt wird, sind dekorativ und schaffen Abhilfe, und Sie brauchen nicht einmal eine Nähmaschine dazu.

Material:
- T-Shirt zum Verschönern
- T-Shirt zum Zerschneiden oder Jerseyreste in einer abstechenden Farbe
- Handquiltgarn, dünnes Stickgarn, 3fädiger Sticktwist oder stärkeres Nähgarn, doppelt genommen
- Handnähnadel passend zum Garn
- auswaschbarer Klebestift
- Markierstift für Stoff

☛
1. Zeichnen Sie sich einfache Motive, z. B. Sterne, Herzen, Blätter- und Blütenformen auf Papier vor. Die Motive sollten eine durchgehende, nicht zu komplizierte Umrisslinie besitzen und etwa 3–7 cm Durchmesser haben.

2. Schneiden Sie das gewünschte Motiv aus Papier aus und verwenden Sie es als Schablone, mit der Sie das Motiv auf das T-Shirt zeichnen, so dass der Fleck oder das Loch innerhalb des Motivs liegt. [1]

3. Schneiden Sie aus Jersey in einer anderen Farbe ein Stück zu, das auf jeder Seite 2–3 cm größer als das aufgezeichnete Motiv ist.

4. Fixieren Sie es mit dem Klebestift auf der Innenseite des T-Shirts unter der Vorzeichnung. Die rechte Seite des Jerseystücks trifft dabei auf die linke Seite des T-Shirts. Stecken Sie den Jersey zusätzlich mit feinen Stecknadeln fest.

5. Sticken sie mit einem kräftigen Faden die aufgezeichneten Umrisse mit einem kleinen Vorstich nach. Sichern Sie dabei das Garn auf der Rückseite am Anfang und am Ende jeweils mit einem doppelten Knoten, der nicht durch den Stoff rutschen kann, und ziehen Sie den Faden nicht zu fest, so dass die Stickerei ein wenig elastisch bleibt. [2]

6. Schneiden Sie nur die oberste Stofflage mit einer kleinen, spitzen Schere innerhalb des gestickten Umrisses vorsichtig aus, lassen Sie dabei etwa 2 mm Abstand zu den Handstichen. [3]

[1]

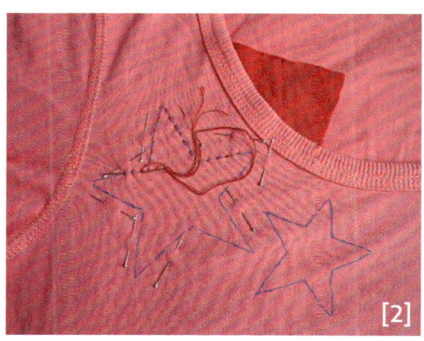

[2]

[3]

⊙ Motiv-T-Shirts konservieren: als Kissen, Decke, Applikation

T-Shirts vom Sportverein, vom Urlaubsort, vom Schulabschluss oder der Lieblingsband: Oft hängen viele Erinnerungen an diesen Stücken, aber anziehen möchte man sie doch nicht mehr. Konservieren Sie die Erinnerungen, indem Sie die Motive ausschneiden und applizieren. Aus vielen gesammelten Motiv-T-Shirts könnte sogar eine Decke entstehen.

Material:
- T-Shirt mit Motiv
- dünne, aufbügelbare Einlage (Vlieseline H180 oder Vergleichbares)
- Jerseynadel für die Nähmaschine
- Markierstift

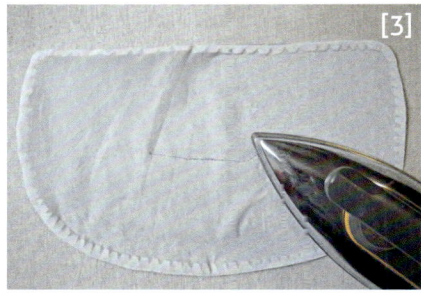

1. Schneiden Sie das T-Shirt auseinander und schneiden Sie das Motiv mit einer großzügigen Zugabe rundherum aus.

2. Schneiden Sie ein Stück Bügeleinlage in gleicher Größe zu und stecken Sie es auf der rechten Seite des Motivs fest, so dass die Klebeseite der Einlage außen liegt.

3. Zeichnen Sie auf der Einlage Ihre Stepplinie passend zum Motiv vor, wie Sie möchten und wie es zum Motiv passt: viereckig, rund oder oval, oder unregelmäßig. Wenn Sie zum Beispiel viele verschiedene T-Shirts auf einer Decke applizieren wollen, bietet es sich an, alle Motive in gleicher Form und Größe auszuschneiden. [1]

4. Nähen Sie mit Geradstich und einer Jerseynadel den aufgezeichneten Umriss nach.

5. Schneiden Sie die Nahtzugaben auf 5 mm zurück. Bei Rundungen schneiden Sie die Nahtzugabe vorsichtig bis knapp vor die Naht ein.

6. Schneiden Sie einen Schlitz in die Mitte der Bügeleinlage, durch den Sie das Motiv wenden. [2]

7. Streichen Sie das gewendete Motiv und die Einlage ganz glatt, so dass die Steppnaht genau an der Kante zu liegen kommt und bügeln Sie die Einlage von der Rückseite aus vorsichtig fest. [3]

8. Das Motiv kann nun leicht auf einen anderen Untergrund aufgenäht werden: Verzieren Sie einen Kissenbezug oder applizieren Sie mehrere Motive auf eine Fleecedecke. Stecken Sie dazu die verstürzten Teile auf dem Untergrund fest und nähen Sie sie knappkantig mit einem Geradstich auf. Ganz anders sieht Ihre Applikation aus, wenn Sie einen Zierstich der Maschine und Nähgarn in einer kontrastierenden Farbe verwenden.

⊕ Ein Loopschal aus T-Shirts

Aus zwei T-Shirts wird ein neuer Schal: Suchen Sie zwei T-Shirts in zueinander passenden Farben und Mustern aus, die es verdient haben, an Ihrem Hals ein zweites Leben zu beginnen.

Material:
- 2 T-Shirts, besonders gut geeignet sind Shirts aus dünnem Viskosejersey
- Lineal und Markierstift
- Jerseynadel für die Nähmaschine

👉

1. Breiten Sie die T-Shirts flach aus und schneiden Sie die Säume ab.

2. Markieren Sie von der Unterkante ausgehend die Höhe des Loopschals: zwischen 20 cm für einen Loopschal für Kinder bis 40 cm für einen Schal für Erwachsene. [1]

3. Schneiden Sie die Shirts in der markierten Höhe durch und schneiden Sie jeweils eine Seitennaht des Shirts weg bzw. schneiden Sie den T-Shirt-Schlauch an einer Stelle senkrecht durch, so dass Sie zwei lange Streifen erhalten, die Sie auf die gleiche Länge kürzen.

4. Legen Sie die beiden Streifen rechts auf rechts, stecken Sie sie fest und nähen Sie sie entlang der beiden langen Seiten mit Zickzack-

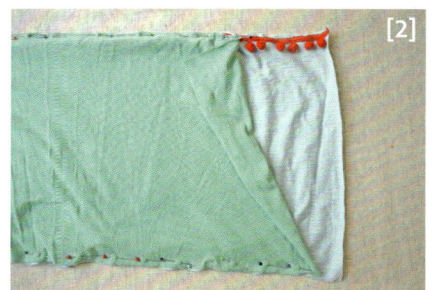

stich zusammen, wobei Sie jeweils nur bis 1 cm vor die Schnittkante der schmalen Seiten nähen. Wenn Sie möchten, können Sie in einer oder in beiden Nähten eine elastische Spitze oder eine Fransen- oder Bommelborte mitfassen. [2]

5. Stülpen Sie die zusammengenähten Streifen nun um, so dass die Nähte innen liegen.

6. Falten Sie das Teil einmal quer, so dass alle noch offenen Kanten aufeinanderliegen und die Längsnähte aufeinandertreffen.

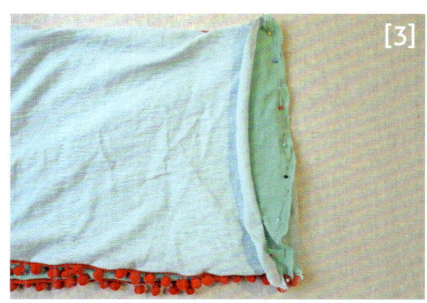

7. Stecken Sie zuerst die beiden innen rechts auf rechts aufeinanderliegenden Kanten aus dem gleichen Stoff zusammen und stecken Sie dann so weit es geht von den Längsnähten ausgehend zur Mitte. [3]

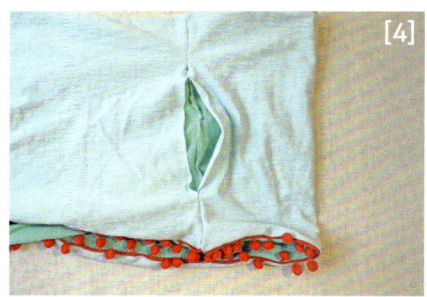

8. Nähen Sie die offenen Enden so weit es geht mit der Maschine zusammen.

9. Schließen Sie die letzte Lücke mit einer Handnaht von rechts. [4]

⬤ EIN EINFACHER ROCK MIT TASCHEN

Ein großes T-Shirt in Männergröße wird mit wenigen Nähten zu einem luftigen Sommerrock mit einem Gummibund und Taschen. Diese einfache Verwandlung ist auch ein schönes erstes Projekt für nähende Kinder, die den Rock mit Aufnähern, Bändern, Spitze oder Stoffmalfarbe verzieren können. Da Jerseystoff nicht ausfranst, müssen die Nähte nicht versäubert werden.

T-Shirts aus Jersey 57

✂ Material:
- 1 großes T-Shirt, möglichst aus dickem Baumwolljersey, Umfang etwas größer als der Hüftumfang der Trägerin
- ca. 70–80 cm Gummiband in 4–6 cm Breite
- Jerseynadel für die Nähmaschine

1. Schneiden Sie das Halsbündchen des T-Shirts ab und trennen Sie beide Schulternähte ein Stück auf, so dass die Öffnung groß genug ist, um das T-Shirt über die Hüfte zu ziehen.

2. Zeichnen Sie am Halsausschnitt von Schulternahtende zu Schulternahtende eine flache Rundung und schneiden Sie den überschüssigen Stoff weg. [1]

3. Schneiden Sie das breite Gummiband mit etwas Nahtzugabe so zu, dass es bequem um die Taille passt und schließen Sie es mit einer einfachen Steppnaht zum Ring.

4. Markieren Sie am Gummiband und an der offenen Kante des Rocks jeweils die vordere und hintere Mitte und die Seiten und stecken Sie beides anhand der Markierungen rechts auf rechts aufeinander. [2]

5. Nähen Sie den Rockteil mit Zickzackstich entlang der Kante an das Gummiband. Das Gummi liegt beim Annähen unten und muss gedehnt werden, so dass die Weite des Rockteils gleichmäßig verteilt wird.

6. Drehen Sie das T-Shirt auf links, legen Sie die Ärmel flach hin und stecken Sie sie knapp über dem Ärmelsaum zusammen. Die Ärmel werden nach innen gezogen, so dass die Ärmelansatznaht von außen nicht mehr zu sehen ist und bilden die Taschenbeutel des Rocks, die Armausschnitte bilden den Tascheneingriff. [3]

7. Nähen Sie die Ärmel quer entlang des Saums zu.

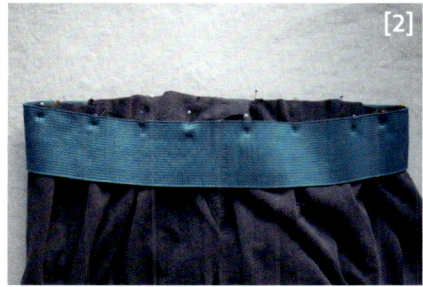

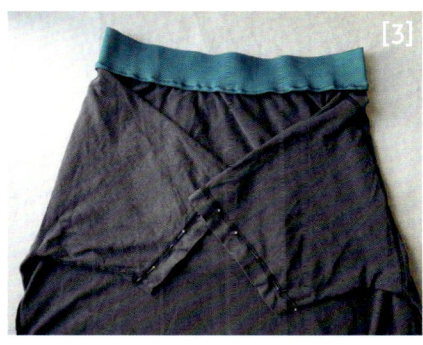

8. Legen Sie die Ärmel auf die Seite, die später die Vorderseite des Rocks bilden soll und nähen Sie sie entlang der ehemaligen Schulternaht von innen ein Stück gegen das Gummi, damit sie in Position bleiben. [4]

9. Zuletzt wird der untere Teil der Tascheneingriffe ein Stück zugesteppt, indem Sie von links in Verlängerung der Seitennaht etwa 5–7 cm hochsteppen. Ziehen Sie dazu den Rock an und probieren Sie aus, wie weit Sie steppen müssen, damit die Seitennaht glatt liegt. [5]

[4]

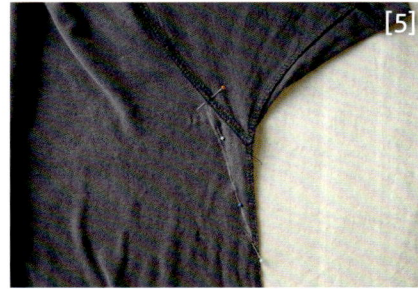
[5]

Tipp: Der Rock kann nach Herzenslust verziert werden: mit Spitze und Bändern, angesetzten Rüschen, aufgesetzten Taschen, Knöpfen oder Perlen, mit Stoffmalfarbe und Schablonen oder Stempeln. Ungesäumter Jersey rollt sich an den Kanten dekorativ ein, daher können Applikationen aus Jersey einfach offenkantig aufgenäht werden – oder Sie verzieren den Rock mit einer Negativapplikation, wie am Anfang dieses Kapitels beschrieben.

T-Shirt-Garn

Alte T-Shirts mit Löchern oder Flecken liefern das Ausgangsmaterial für gehäkelte und gestrickte Gebrauchsgegenstände: Häkeln Sie Teppiche, Körbe, Taschen und Platzsets, stricken Sie Kissen und Polster oder verwenden Sie T-Shirt-Garn als Geschenkband oder zum Anbinden von Pflanzen im Garten.

Sammeln Sie einfache T-Shirts ohne Aufdrucke oder Stickereien aus Baumwolle, Baumwoll-Viskose oder Baumwolle-Polyester-Mischung. T-Shirts ohne Seitennähte eignen sich am besten, sie ergeben das glatteste Garn, aber auch Shirts mit Nähten sind verwendbar, wenn Sie ein paar Unregelmäßigkeiten in Kauf nehmen mögen. Shirts aus Rippenstrick eignen sich weniger gut, denn die Kanten der Streifen rollen sich nicht ein. Verwenden Sie für ein Projekt möglichst nur Shirts, deren Material ungefähr gleich dick ist, dann wird das Garn am gleichmäßigsten.

☞ 1. Breiten Sie ein T-Shirt flach aus, schneiden Sie es quer unter den Armen durch und schneiden Sie den Saum ab. Für das Garn wird nur dieser große rechteckige Schlauch verwendet. Die Reste eignen sich z. B. für kleine Applikationen.

2. Falten Sie die linke Kante des Schlauchs nach rechts, so dass sie 5 cm vor der zweiten Kante liegt.

3. Den Schlauch quer in gleichmäßige Streifen schneiden, dabei nur die erste der beiden Kanten durchschneiden, rechts bleibt das Shirt intakt. Die Streifen sollten 2–3 cm breit sein. Verwenden Sie ein Lineal zur Orientierung. [1]

4. Falten Sie den zerschnittenen Schlauch auf und breiten Sie die Stelle flach aus, an der die Streifen zusammenhängen.

5. Hier wird diagonal geschnitten, um einen einzigen, zusammenhängenden Streifen zu erhalten: vom ersten Einschnitt rechts schräg nach oben zum zweiten Einschnitt links, parallel dazu vom zweiten Einschnitt rechts zum dritten Einschnitt links und so weiter. Zum Schluss Anfang und Ende des Streifens schräg auslaufend aufschneiden. [2]

6. Den geschnittenen Streifen vorsichtig und gleichmäßig in die Länge ziehen – die Schnittkanten rollen sich dadurch nach innen und das Garn wird gleichmäßiger. [3]

7. Zum Verbinden von zwei Garnstücken schneiden Sie die Enden im 45-Grad-Winkel ab und legen die Kanten rechts auf rechts aufeinander. Nähen Sie die beiden Teile mit 5 mm Nahtzugabe mit einer Steppnaht zusammen und streichen Sie die Nahtzugaben auseinander. [4]

Jetzt können Sie Ihr T-Shirt-Garn aufwickeln und verarbeiten!

⬤ Eine Pumphose für Kleinkinder

Langärmelige T-Shirts oder Sweatshirts der „Großen" werden zu Hosen für die „Kleinen", aus Ärmeln werden Hosenbeine: Weil die Ärmelabschlüsse übernommen werden, sind nur wenige Nähte nötig. Die angegebenen Maße passen zu Größe 78, Hosen nach diesem Prinzip lassen sich aber genauso leicht auch für größere Kinder nähen. Orientieren Sie sich an den Maßen einer passenden Hose und gleichen Sie die Maße entsprechend an.

>✂ **Material:**
- 1 langärmeliges T-Shirt oder 1 dünnes Sweatshirt
- 1 T-Shirt aus Rippenstrick
- Jerseynadel für die Nähmaschine

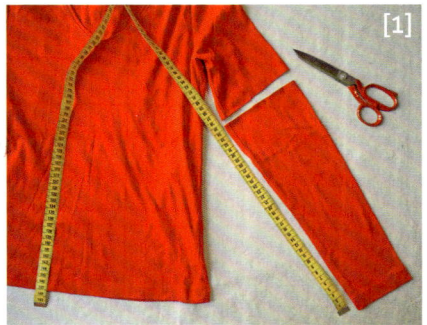

3. Für das Abschlussbündchen schneiden Sie quer zwei Streifen von 15 cm Breite und 26 cm Länge aus dem Rippshirt.

4. Trennen Sie die Nähte der Ärmelstücke von der Schnittkante ausgehend 20 cm lang auf. [2]

5. Stecken Sie den langen Streifen u-förmig rechts auf rechts an die Kanten der aufgetrennten Naht und nähen Sie ihn mit Zickzackstich fest. [3]

6. Nähen und stecken Sie den Streifen genauso an den zweiten Ärmel.

7. Nähen Sie die kurzen Streifen an den schmalen Seiten rechts auf

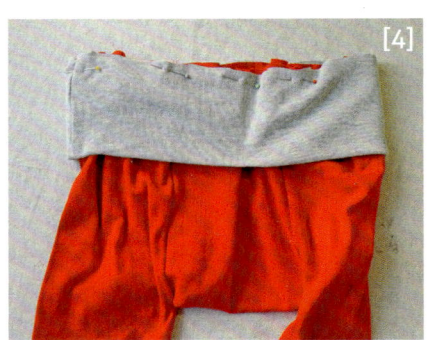

rechts zusammen, so dass Sie einen Ring erhalten. Probieren Sie, ob der Jerseyring, links auf links gefaltet, so dass die Nähte innen liegen, als bequemes Bündchen für die Hose passt. Rippjersey kann sehr unterschiedlich dehnbar sein, so dass Sie die Maße möglicherweise anpassen müssen.

8. Wenn das Bündchen passt, nähen Sie es rechts auf rechts mit einem elastischen Stich an die Oberkante der Hose, wobei Sie das Bündchen dehnen und die Weite des Hosenteils gleichmäßig verteilen müssen. [4]

☞

1. Messen Sie vom Ärmelbündchen aus 35 cm nach oben und schneiden Sie die Ärmel des Shirts in dieser Höhe quer durch. [1]

2. Schneiden Sie für den Einsatz aus dem Rückenteil des Shirts längs einen Streifen von 14 cm Breite und etwa 40 cm Länge.

Pullover aus Wolle

Der Lieblingspullover hat Löcher oder durchgescheuerte Ärmel? Mit Ärmelflicken, die durchaus nicht immer langweilig sein müssen, wird er fast wieder wie neu. Löcher können gestopft oder zugefilzt werden, und wenn beides nicht mehr hilft, lassen sich aus dem Wollstrick immer noch viele kleine Dinge nähen.

Löcher ausbessern

Kleine Löcher in Pullovern entstehen unglücklicherweise oft auf der Vorderseite, wenn der Gürtel, die Armbanduhr oder ein Taschenriemen das Material strapazieren. Aber auch Motten hinterlassen kleine Löcher, denen man ihre Herkunft nicht unbedingt ansieht – frieren Sie Ihre Wollsachen vorsichtshalber einmal kurz ein, wenn Sie Mottenbefall befürchten, das tötet den Nachwuchs zuverlässig ab. Den Löchern können Sie mit zwei Techniken zu Leibe rücken: Stopfen verlangt gutes Licht, eine ruhige Hand und gelingt nur mit viel Geduld so gut, dass die Stopfstelle wirklich unsichtbar ist. Löcher zuzufilzen ist wesentlich einfacher, funktioniert aber nur bei Gestricktem aus Wolle, und die reparierte Stelle bleibt sichtbar. Filzen Sie weitere Wolle auf, die ein Muster bildet, wenn Sie die Reparatur nicht verstecken können!

> **Material:**
> - dickere Handnähnadel, passend zur Garnstärke des Stopfgarns
> - Nähgarn in passender Farbe
> - Stopfgarn in passender Farbe
> - Stopfpilz oder großer Marmeladenglasdeckel
> - Sicherheitsnadeln oder dünne Stricknadeln

Löcher stopfen

1. Spannen Sie die schadhafte Stelle mit der rechten Seite nach oben über den Stopfpilz oder den Deckel und nehmen Sie die Maschen oberhalb und unterhalb des Lochs je nach Garnstärke mit einer Stricknadel oder mit einer Sicherheitsnadel auf. Lösen Sie wenn nötig weitere Maschen auf, so dass eine saubere, viereckige Lücke entsteht, die anschließend mit Maschenstich gefüllt wird.

2. Legen Sie die losen Fäden zunächst auf die Rückseite, sie werden ganz zum Schluss im Gestrickten vernäht.

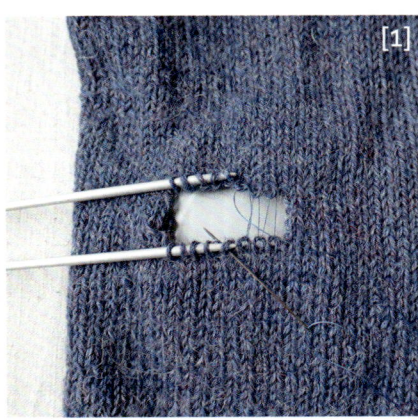
[1]

[2]

[3]

Pullover aus Wolle

3. Ziehen Sie mit dem Nähgarn zwischen den beiden Maschenreihen senkrechte Spannfäden ein, die als Grundlage der Maschenstiche dienen. Die Fäden verlaufen im Zickzack von links nach rechts und von Masche zu Masche. [1]

4. Füllen Sie die Fläche mit Maschenstich: Nähen Sie mit Stopfgarn aus Wolle von rechts unten ausgehend in hin- und hergehenden Reihen. Fädeln Sie einen langen Faden ein, stechen Sie in der rechten unteren Ecke nach oben und lassen Sie das Fadenende ein Stück hängen – es wird später vernäht. Führen Sie den Stopffaden hinter dem ersten Spannfaden durch nach vorne und stechen Sie unten in der ersten Masche ein. Stechen Sie in der nächsten Masche wieder heraus, führen Sie das Stopfgarn hinten um den Spannfaden herum und stechen Sie wieder in die zweite Masche ein. [2] Die erste Reihe Maschenstich wird so von rechts nach links gefüllt, die zweite stopfen Sie von links nach rechts. [3]

5. Vernähen Sie zum Schluss alle losen Fäden auf der Rückseite und dämpfen Sie die gestopfte Stelle.

⊕ Löcher zufilzen

Man muss schon sehr geschickt und geübt sein, um kleine Löcher in Feinstrickpullovern unsichtbar zu stopfen. Filzen ist eine andere, sehr einfache Möglichkeit, sie zu schließen, und oft unauffälliger als Stopfen, funktioniert aber nur mit reiner Wolle. Wenn Sie partout kein farblich passendes Material finden, nehmen Sie eine Kontrastfarbe und erfinden Sie ein Motiv rund um die schadhafte Stelle herum!

[4]

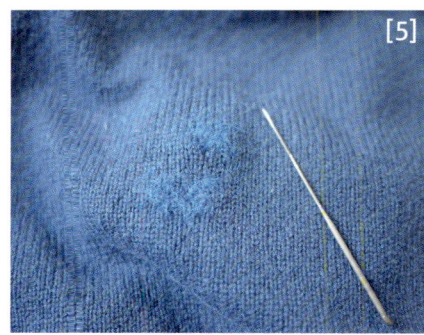

[5]

✂ Material:
- ⊕ dünne Filznadel zum Trockenfilzen aus dem Bastelgeschäft
- ⊕ großer Haushaltsschwamm oder Schaumstoffblock als Filzunterlage
- ⊕ Filzwolle

☞

1. Spannen Sie das Loch über den Schwamm und legen Sie unter und über dem Loch ein wenig Filzwolle auf, so dass das Loch komplett bedeckt ist.

2. Stechen Sie mit der Filznadel immer wieder von oben durch alle Schichten hindurch und ziehen Sie sie wieder heraus – die Filznadel ist mit kleinen Widerhaken besetzt, die die Wollfasern miteinander verhaken und dadurch Filz bilden. [4]

3. Bearbeiten Sie das gesamte Loch gleichmäßig, bis es geschlossen ist und die Filzwolle eine zusammenhängende Fläche bildet. [5]

Ellbogenflicken aufsetzen

Die ersten Löcher treten bei Pullovern oft am Ellenbogen auf. Aufgenähte Flicken sind keine unauffällige Reparatur, aber wenn Sie sich die Flicken selbst machen, können sie sogar richtig dekorativ sein. Cord, Wollstoffe, aber auch Blümchen und Streifen – Sie haben die Wahl.

Material:

- Stoffreste für die Flicken, etwa 15 × 25 cm
- Rest aufbügelbare Vlieseinlage, etwa 15 × 25 cm
- Stickgarn oder dünnes Perlgarn zum Aufnähen
- Handnähnadel

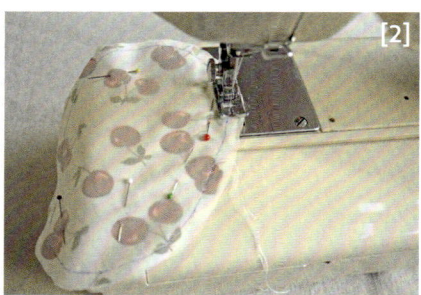

1. Zeichnen Sie sich für den Flicken auf Papier ein Oval vor, das Sie als Muster zum Ausschneiden des Stoffes verwenden. Zur Orientierung: Das Oval aus unserem Beispiel ist ca. 10 cm breit und 14 cm hoch und passt zu einem Erwachsenenpullover.

2. Schneiden Sie das Oval mit rundherum 5 mm Nahtzugabe zweimal aus dem Stoff und zweimal aus der Bügeleinlage aus. [1]

3. Legen Sie jeweils ein Stoffoval und ein Einlagenoval rechts auf rechts aufeinander und stecken Sie die beiden Lagen zusammen – die Klebeseite der Einlage zeigt dabei nach außen.

4. Nähen Sie mit der Maschine die beiden Lagen 5 mm vom Rand zusammen. [2]

5. Schneiden Sie die Nahtzugaben von Stoff und Vlies rundherum bis knapp vor die Naht ein, damit sich die Nahtzugaben beim Wenden besser umlegen. [3]

6. Schneiden Sie einen Schlitz von 4–5 cm Länge in die Mitte des Vlieses und wenden Sie den Flicken durch diese Öffnung.

7. Arbeiten Sie die Ränder gut heraus, so dass die Einlage von der Oberseite her nicht mehr zu sehen ist, und bügeln Sie die Einlage fest.

8. Platzieren Sie die Flicken auf den schadhaften Stellen an den Ellenbogen und stecken Sie sie mit Stecknadeln gut fest.

9. Nähen Sie die Flicken mit einem Schlingstich oder Langettenstich auf. Fädeln Sie dazu ein langes Stück dreifädigen Sticktwist, dünnes Perlgarn oder Knopflochgarn in die Nadel und sichern Sie das Ende mit einem Knoten.

10. Stechen Sie am Rand des Flickens aus und nähen Sie an der Kante einen kleinen Rückstich als Ausgangspunkt für die Schlingstiche.

11. Von vorne etwa 5 mm unter der Kante des Ärmelflickens einstechen, die Nadel nach oben füh-

ren und hinter der Kante des Flickens ausstechen, der Faden liegt dabei hinter der Nadel. [4]

12. Den Faden durchziehen, dabei bildet sich eine Schlinge, die vom Arbeitsfaden gehalten wird.

13. Für den nächsten Stich etwa 5 mm neben dem ersten Stich einstechen, im gleichen Abstand zur Kante wie beim ersten Mal, knapp an der Kante des Flickens ausstechen, den Faden unter die Nadel legen, Faden durchziehen.

14. Nähen Sie so einmal um den Ärmelflicken herum. Wenn Sie den Anfang erreichen, stechen Sie den Faden nach unten und vernähen ihn auf der Rückseite.

Wollpullover filzen und weiterverarbeiten

Was sonst auf keinen Fall passieren darf, hier ist es Absicht: In der Waschmaschine gefilzte Wollpullover ergeben ein herrliches, kuscheliges Grundmaterial für viele kleine Nähprojekte. Nähen Sie Hüllen fürs Handy oder für die Wärmflasche, verwenden Sie den Filz als wärmeisolierende Einlage für Topflappen und Untersetzer, oder schneiden Sie daraus Stulpen, die sogar fast ohne Nähen auskommen. Gefilzte Wollpullover eignen sich außerdem für alle Nähanleitungen für Accessoires, in denen Wollwalk oder Fleece verwendet wird – und aus den Resten lassen sich dekorative Applikationen anfertigen. Der Filz franst am Rand nicht aus und muss daher nicht versäubert werden.

Das Filzen alter Pullover ist ganz einfach: Verwenden Sie nur Pullover aus reiner Wolle oder mit sehr hohem Wollanteil und ohne die Bezeichnung „Superwash" auf dem Etikett – nur diese Pullover lassen sich filzen. Waschen Sie sie in der Maschine im 60-Grad-Waschgang. Es ist nicht nötig, die Pullover separat zu waschen, geben Sie sie einfach zu anderer Wäsche dazu – in der Regel fusseln sie nicht und färben auch nicht ab. Manchmal wird die Wolle chemisch gegen Verfilzen behandelt, dann sind mehrere Waschgänge nötig, ehe der Pullover zusammenschrumpft.

⊕ Wärmflaschenhülle nähen

Eine Wärmflaschenhülle aus Wolle ist sehr luxuriös und kuschelig. Strukturierte Pullover zum Beispiel mit Zopfmuster sind dafür besonders gut geeignet.

Material:
- Wärmflasche als Muster
- gefilzte oder ungefilzte Strickjacke aus Feinstrick

👉 **1.** Zeichnen Sie den Schnitt für die Hülle mit Kreide oder einem kleinen Stück Seife direkt auf die Strickjacke.

2. Für das Vorderteil legen Sie die Wärmflasche auf das Rückenteil der Strickjacke, achten Sie dabei auf die Musterung und die Dehnbarkeit und zeichnen Sie mit 2 cm Abstand einmal rundherum. [1]

3. Für die Rückseite der Hülle wird die Knopfleiste als Verschluss weiterverwendet. Zeichnen Sie die Wärmflasche so ab, dass die Knopfleiste etwa in der Mitte des Teils liegt. [2] Wenn Sie einen Pullover verarbeiten möchten, können Sie die Rückseite in zwei Teilen so anzeichnen, dass sie sich in der Mitte überlappen und die Pulloverbündchen jeweils den Abschluss bilden.

4. Schneiden Sie die Teile aus und sichern Sie die Schnittkanten mit einem Zickzackstich, falls der Strickstoff nicht verfilzt ist.

5. Legen Sie die Schnittteile rechts auf rechts aufeinander, so dass die

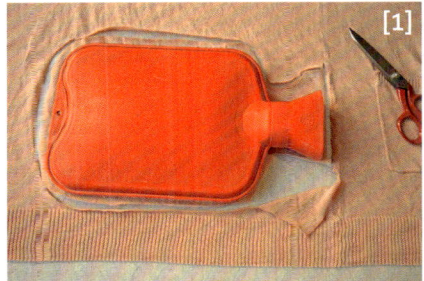

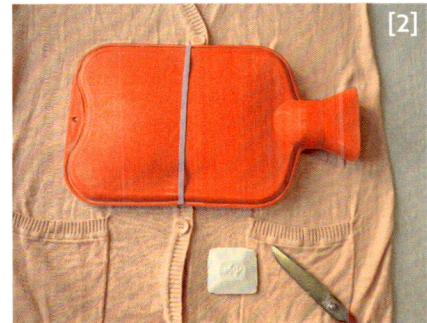

Ränder miteinander abschließen und stecken Sie sie fest. [3]

6. Nähen Sie die Teile mit 1 cm Nahtzugabe mit Zickzackstich oder einem anderen elastischen Stich zusammen – die Halsöffnung bleibt offen! [4]

7. Schlagen Sie die Kante der Halsöffnung 1 cm auf die linke Seite und steppen Sie sie mit einem elastischen Stich fest. Wenden Sie die Hülle durch die Knopfleiste.

💡 **Tipp:** Sie können die Hülle zum Beispiel mit aufgenähten Bändern und Spitze oder mit aufgefilzten Motiven weiter verzieren. Steppen Sie die Verzierungen auf die Einzelteile, bevor Sie die Hülle zusammennähen.

Pullover für Handy, Mini-Tablet oder E-Book-Reader

Material:
- gefilzter Pullover
- passendes Nähgarn

Hüllen aus gefilzten Wollpullovern schützen empfindliche Displays vor Kratzern und sind noch dazu sehr einfach zu nähen. Schneiden Sie die Schnittteile so zu, dass Bündchen und Abschlüsse wieder verwendet werden, dann sparen Sie sich sogar das Säumen.

👉

1. Zeichnen Sie die Schnittteile direkt auf den gefilzten Pullover, indem Sie das Gerät auflegen und die Form mit 1 cm Nahtzugabe nachzeichnen, einmal für die Vorderseite, einmal für die Rückseite. [1]

2. Wenn Sie die Hülle verzieren möchten, nähen Sie die Verzierungen vor dem Zusammennähen auf und achten Sie dabei darauf, dass die Schnittteile noch ein wenig elastisch bleiben, sonst passt das Gerät später nicht in die Hülle.

3. Nähen Sie die beiden Teile rechts auf rechts mit Zickzackstich oder einem elastischen Stich zusammen, verriegeln Sie Nahtanfang und -ende gut und wenden Sie die Hülle. [2]

🔘 Einfache Stulpen fast ohne Nähen

Auf diesen Stulpen finden endlich die schönen Knöpfe aus der Knopfkiste Platz. Außerdem sind sie einfach und schnell hergestellt: nach dem Zuschneiden müssen Sie nur noch die Knöpfe annähen. Das können auch Kinder, die das Nähen gerade erst lernen, und die so das Knopfannähen üben können.

Pullover aus Wolle

> **Material:**
> - gefilzter Pullover, möglichst dickes Material
> - 4 bis 10 kleine Knöpfe
> - passendes Nähgarn

👉 **1.** Zeichnen Sie sich zuerst auf dünner Pappe eine Schablone für die Stulpen: Der Schnitt ist trapezförmig, 15 cm hoch, am schmalen Ende 18 cm breit und am breiteren Ende 22 cm breit.

2. Schneiden Sie diese Form zweimal (ohne Nahtzugaben) aus dem Pulloverfilz zu.

3. Nähen Sie die Knöpfe mit regelmäßigen Abständen auf einer der schrägen Kanten der Trapeze fest. [1]

4. Falten Sie die Stulpen längs zusammen und markieren Sie die Position der Knopflöcher mit Stecknadeln. [2]

5. Schneiden Sie an diesen Stellen jeweils einen kleinen Schlitz senkrecht zur Stulpenkante in den Stoff. [3]

6. Probieren Sie die richtige Knopflochlänge zuerst an einem Materialrest aus – sie hängt nicht nur von der Größe der Knöpfe, sondern auch von der Dicke und Dehnbarkeit des Filzmaterials ab. Wenn Sie mögen, können Sie auch Knopflöcher mit der Nähmaschine nähen.

💡 **Tipps:** Bewahren Sie die Reste aus Ihren Projekten auf. Pulloverfilz in verschiedenen Farben kann wie Bastelfilz als Material für Applikationen und kleine Basteleien genutzt werden und ist sogar waschbar. Pullover mit Einstrickmustern sehen manchmal nicht mehr so schön aus, wenn sie gefilzt sind. Werfen Sie sie trotzdem nicht weg – der Wollfilz isoliert hervorragend und eignet sich zum Beispiel gut als Wattierung für Topflappen und Ofenhandschuhe und als Einlage für Untersetzer.

Eine Jacke für Kinder

Wie stark ein Pullover in der Waschmaschine schrumpft, lässt sich oft nicht vorhersehen. Wenn der geschrumpfte Pullover Ihrem Kind passt, können Sie eine Wolljacke daraus arbeiten. Bündchen, die möglicherweise zu eng sind, werden abgeschnitten und durch bunte gehäkelte Einfassungen ersetzt.

Material:
- gefilzter Pullover
- Wollreste mittlerer Stärke (Lauflänge ca. 80 m/50g)
- passende Häkelnadel

☞

1. Schneiden Sie den Pullover in der vorderen Mitte senkrecht durch und schneiden Sie das Halsbündchen und die Bündchen an den Ärmeln und dem Saum ab.

2. Zeichnen Sie mit Hilfe einer Tasse oder eines kleinen Tellers eine kleine Rundung an der Ecke von Halsausschnitt und Vorderteil und eine größere Rundung an der unteren Ecke des Vorderteils ein. Überprüfen Sie, dass die Rundungen bei rechtem und linkem Vorderteil übereinstimmen und schneiden Sie sie aus. [1]

3. Beginnen Sie an einer Seitennaht mit dem Häkeln und arbeiten Sie feste Maschen in die Kante: Stechen Sie zu Beginn mit der Häkelnadel in die Pulloverkante ein, holen Sie den Faden durch (Anfangsmasche), holen Sie den Faden ein zweites Mal durch (Luftmasche), stechen Sie wieder ein, holen den Faden durch, so dass Sie zwei Schlingen auf der Nadel haben und holen Sie den Faden durch beide Schlingen (feste Masche). [2]

4. Umrunden Sie so die Außenkanten der Jacke mit festen Maschen und Luftmaschen und schließen Sie die Runde mit einer Kettmasche.

5. Für die zweite Runde wählen Sie eine andere Farbe und beginnen wieder an der Seitennaht. Häkeln Sie eine Runde feste Maschen, Stäbchen oder halbe Stäbchen. [3] An den Rundungen des Vorderteils müssen Sie möglicherweise einige Male zwei feste Maschen oder Stäbchen in die Masche der Vorreihe häkeln, damit die Kante flach liegt, wie oft, das hängt vom Radius der Rundungen und der Stärke der Wolle ab. Hier müssen Sie ein bisschen experimentieren, ebenso wie mit der Anzahl der Häkelrunden. Die untere Kante der Ärmel wird in gleicher Weise mit Häkelrunden verlängert – lassen Sie Ihr Kind die Jacke anprobieren, um zu ermitteln, wie viele Runden Sie häkeln müssen.

6. Bügeln Sie die Kante vorsichtig mit etwas Dampf, dadurch lassen sich kleine Unregelmäßigkeiten ausgleichen.

⊕ Ärmelschal aus einem Herrenpullover

Ein Herrenpullover ergibt einen schicken Ärmelschal, der Arme, Schultern und Nacken wärmt. Suchen Sie sich einen möglichst großen Herrenpullover aus Feinstrick oder ein Sweatshirt, bei dem die Ärmel und das Rückenteil intakt sind. Da der Pullover hier unverfilzt verarbeitet wird, müssen Sie die Kanten gleich nach dem Schneiden mit einem Zickzackstich versäubern.

Material:
- großer Herrenpullover aus feinem Strick – die Spannweite von Ärmelbündchen zu Ärmelbündchen sollte etwa 150 cm betragen

👉
1. Breiten Sie den Pullover mit der Vorderseite nach oben flach aus und messen Sie von den Ärmelbündchen ausgehend auf den Ärmeln an jeder Seite jeweils 45 cm ab. Markieren Sie diese Punkte mit Stecknadeln.

2. Zeichnen Sie mit Kreide von den Markierungen am Ärmel jeweils eine leicht geschwungene Linie bis zu dem Punkt, wo Halsausschnitt und Schulternaht zusammentreffen.

3. Drehen Sie den Pullover um und zeichnen Sie auf dem Rückenteil eine waagerechte Linie in etwa 40 cm Abstand zum Halsausschnitt.

4. Wenn Sie auf die Seitennähte treffen, führen Sie die Linie in einer Schräge fort, bis Sie wieder den eingangs markierten Punkt an der Ärmelnaht erreichen.

5. Schneiden Sie den Pullover entlang der markierten Linien auseinander, schneiden Sie auch das hintere Halsbündchen weg und sichern Sie alle Schnittkanten vorläufig mit Zickzackstich. [1]

6. Drehen Sie das Teil auf links, legen Sie die Ärmel wieder flach hin und markieren Sie mit Stecknadeln den neuen, schmaleren Verlauf der Ärmelnaht: Am Bündchen beträgt die Ärmelweite etwa 20 cm, d. h. die Naht verläuft etwa 10 cm vom Bruch entfernt. An der eingangs gesetzten Markierung an den Ärmeln beträgt die Weite etwa 36 cm, die Naht verläuft etwa 18 cm vom Bruch entfernt. [2]

7. Nähen Sie die neue Ärmelnaht mit einem Zickzackstich oder einem anderen elastischen Stich, probieren Sie die Ärmel an und korrigieren Sie nötigenfalls die Weite, ehe Sie den überschüssigen Stoff wegschneiden. [3]

8. Begradigen Sie die Kante vom Ende der neuen Ärmelnaht bis zur Rückenmitte, sie sollte jeweils in einem leichten Bogen verlaufen.

9. Schneiden Sie zum Einfassen der Kanten einen 8 cm breiten Streifen aus den Resten von Vorder- und Rückenteil quer über die ganze Breite. Falls das untere Abschlussbündchen des Pullovers intakt und ausreichend dehnbar ist,

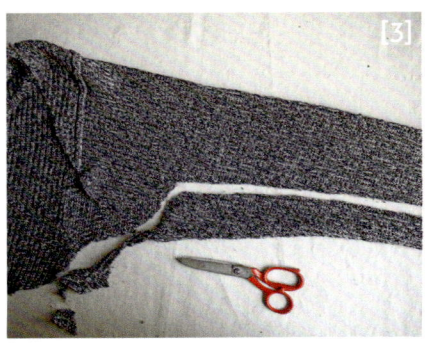

können Sie das Bündchen weiterverwenden. [4]

10. Falten Sie den Streifen der Länge nach, die linke Seite nach innen, und stecken Sie die offenen Kanten zusammengefasst an die Kante des Ärmelschals, wobei Sie die Weite gleichmäßig verteilen. [5]

11. Beim Annähen mit Zickzackstich oder Elastikstich halten Sie die Streifen gedehnt, so dass das Material flach aufeinanderliegt, die Weite des Schalteils wird damit leicht eingehalten.

12. Drehen Sie den Ärmelschal noch einmal auf links, begradigen Sie die Nahtzugaben und versäubern Sie alle noch offenen Kanten sorgfältig. Der Schal kann sowohl mit dem ehemaligen Halsausschritt nach oben als auch nach unten angezogen werden – da die beiden Kanten nicht gleich sind, ist der Sitz jedes Mal etwas unterschiedlich.

Links zu weiteren Refashion-Ideen

Ich würde mich freuen, wenn Sie mit Hilfe dieses Buchs auf den Geschmack gekommen sind und den Spaß am kreativen Umarbeiten entdeckt haben. Wenn Sie nun einen Großteil Ihres Kleiderschranks einer Auffrischungskur unterziehen wollen und auf der Suche nach Ideen sind, werfen Sie einen Blick ins Internet.

charityshopchic.net,
refashionista.net,
recycled-fashion.com,
refashionco-op.blogspot.com
thewardrobesurgeon.wordpress.com

Diese Seiten liefern mit vielen Vorher-Nachher-Fotos Inspirationen und Anleitungen für das Umarbeiten und Verschönern.

Danksagung

- Susanne, Constance und Henriette vielen Dank für die Unterstützung mit schönen alten Kleidern.
- Die Kurzwaren stammen aus dem Nähkontor (*www.naehkontor.de*) und von Stoff&Stil (*www.stoffundstil.de*).

In unserer „Mach mit!"-Reihe bislang erschienen:

Brigitte Ettmann
Handarbeitsspaß mit Kindern
88 S., farbig, gebunden
ISBN 978-3-89798-445-5

Hai Nguyen
Häkeln wie die Weltmeisterin
90 S., farbig, gebunden
ISBN 978-3-89798-465-3

Heike Henkel / Kerstin Anders
Mit Natur gestalten
90 S., farbig, gebunden
ISBN 978-3-89798-466-0